Meran kompakt

Die Stadt auf einen Blick

Sehenswertes, Gastlichkeit, Kultur

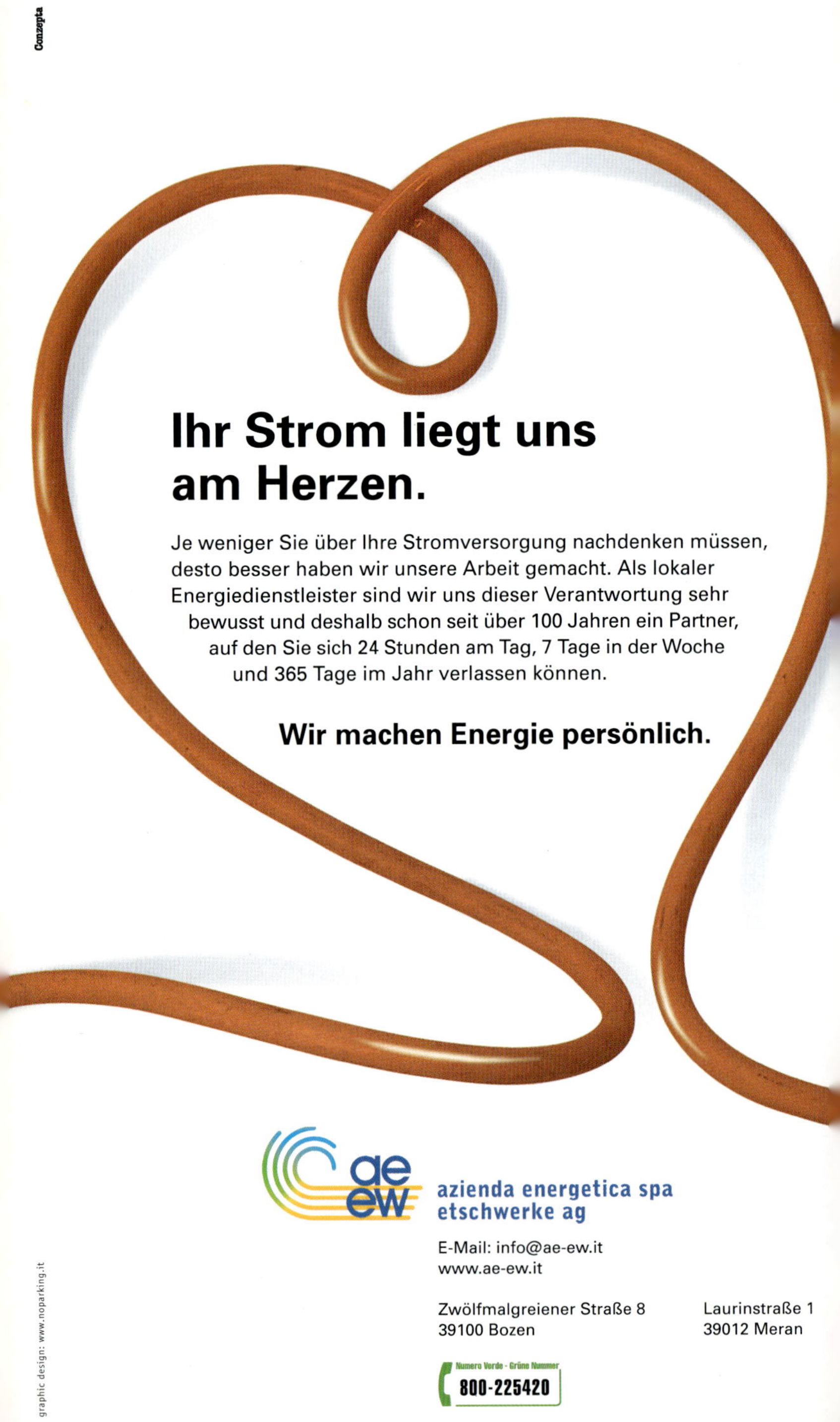
Conzepta
Ihr Strom liegt uns am Herzen.
Je weniger Sie über Ihre Stromversorgung nachdenken müssen, desto besser haben wir unsere Arbeit gemacht. Als lokaler Energiedienstleister sind wir uns dieser Verantwortung sehr bewusst und deshalb schon seit über 100 Jahren ein Partner, auf den Sie sich 24 Stunden am Tag, 7 Tage in der Woche und 365 Tage im Jahr verlassen können.
Wir machen Energie persönlich.
ae ew
azienda energetica spa
etschwerke ag
E-Mail: info@ae-ew.it
www.ae-ew.it
Zwölfmalgreiener Straße 8
39100 Bozen
Laurinstraße 1
39012 Meran
Numero Verde - Grüne Nummer
800-225420
graphic design: www.noparking.it

Meran kompakt

Die Stadt auf einen Blick
Sehenswertes, Gastlichkeit, Kultur

Josef Rohrer · Folio Verlag Wien/Bozen

Die Herausgabe dieses Stadtführers erfolgte mit freundlicher Unterstützung der Etschwerke AG und der Gemeinde Meran.

azienda energetica spa
etschwerke ag

Etschwerke AG
Laurinstraße 1, Meran
Tel. 800 283152
www.ae-ew.it

Stadtgemeinde Meran
Lauben 192, Meran
Tel. 0473 250111
www.gemeinde.meran.bz.it
www.meran.eu

SYMBOLE

⏲	Öffnungszeiten
⊕⊕⊕	Sollten Sie keinesfalls versäumen
⊕⊕	Sehenswert auch bei einem Kurzaufenthalt
⊕	Wenn noch Zeit bleibt
€€€	Gehobene Preisklasse
€€	Mittlere Preisklasse
€	Untere Preisklasse

2., aktualisierte Auflage 2007
Grafik und Druckvorbereitung: no.parking, Vicenza
Scans und Druck: Lanarepro, Lana
ISBN 978-3-85256-268-1

www.folioverlag.com

INHALTSVERZEICHNIS

Kurhaus

MCMXIV

EINE STADT STELLT SICH VOR

Perle der Alpen, das Nizza Tirols, der Südbalkon der k. und k. Monarchie. Meran erhielt im Lauf seiner Geschichte viele Attribute. „Schöneres wie Meran ist kaum zu denken, höchstens Meran in Frühling, wenn die Obstbäume in Blüte stehen", schwärmte etwa 1910 der Wiener Schriftsteller Stefan Zweig. Von der großen Zeit Merans während der Belle Époque zeugen noch heute die Promenaden, die pompösen Fassaden einstiger Grandhotels und die vielen Villen in Obermais, erbaut von Fürsten und Geldmagnaten. Ihren Reiz verdankt die Stadt vor allem ihrer Umgebung – der lieblichen Landschaft mit Weinreben und Obstbäumen, den Burgen und Ansitzen, den hohen Bergen, die nach Norden hin abschirmen, sodass der Frühling früher und der Winter später kommt als in ähnlichen Breiten. Mit der Umgebung, dem Burggrafenamt, bildet Meran seit seiner Entstehung eine Ein-

heit. Das eine wäre ohne das andere kaum vorstellbar. Noch heute erzählen die meisten Touristen zuhause, sie fahren nach Meran – auch wenn ihr Urlaubsziel in Schenna, Dorf Tirol oder einem anderen Ferienort des Burggrafenamtes liegt.
Unter der Attraktivität der Umgebung hat Meran aber auch gelitten. Zwischen 1960 und 1990 fuhren viele Gäste nur noch zum Einkaufen in die Stadt; sie wohnten lieber auf dem Land – tagsüber war die Stadt überlaufen, abends menschenleer. Doch seit einigen Jahren erlebt Meran seinen zweiten Frühling. Das kulturelle Angebot ist bunter geworden, die Meraner Musikwochen etwa gehören zu den renommiertesten europäischen Festivals. Mit den Gärten von Schloss Trauttmansdorff hat die Stadt eine Attraktion bekommen, deren Glanz auf die gesamte Umgebung fällt. Und 2005 wurde die neue Therme eröffnet, die Meran wieder zu dem machen soll, was es schon einmal war: ein Kurort mit Flair.

ETWAS ZUR GESCHICHTE

Räter und Römer

Als Ötzi vor rund 5 300 Jahren zum Alpenhauptkamm wanderte, begegnete er im heutigen Burggrafenamt bereits Ackerbauern. Sie lebten auf Anhöhen, denn das Etschtal war ein einziger Sumpf und unbewohnbar. 2 000 Jahre später gehörte die Gegend zum Kernland der Räter, und zwar bis 15 v. Chr., d. h. bis zu der Zeit, als die nach Norden vorrückenden Römer ganz Rätien besetzten. Dort, wo das Passeiertal vom Etschtal abzweigt, errichteten sie die befestigte Zollstation Maiensis. Bis heute kennt man weder die genaue Lage noch die Größe des Castrum Maiense. Zur Versorgung des Castrum entstand die kleine Siedlung Mairania. In dem Namen steckt das vorrömische Wort „Mara" für Mure. Die Bajuwaren, die auf die Römer folgten und eine germanische Sprache mitbrachten, machten daraus „an der Maran". Grund für die Namensgebung war wohl der große Schuttkegel, auf dem heute der Stadtteil Obermais steht.

Hauptstadt von Tirol

Um 1100 war „Maran" noch ein kleines Dorf, eingezwängt zwischen Passer und Küchelberg. Im 12. Jh. zogen die Grafen von Vinschgau in die Burg Tirol. Sie hatten dem Bischof von Trient die weltliche Kontrolle über mehrere Grafschaften entrissen. Meinhard II. führte sie im Land Tirol zusammen und machte Meran zum Sitz seines modernen Verwaltungsapparates. Er ließ die Lauben anlegen und schuf so eine größere Neustadt, die er mit Mauern und Stadttoren umschloss.

Zur selben Zeit entstanden in der Umgebung – im heutigen Burggrafenamt – zahlreiche Ansitze und Schlösser. Doch die Blütezeit währte nur kurz. Meinhards Sohn Heinrich ruinierte das Land mit seinem verschwenderischen Lebensstil. Auch dessen Tochter Margarethe Maultasch regierte glücklos. Als ihr einziger Sohn 1363 starb, dankte sie ab. Sie übergab die Herrschaft über das strategisch günstige Tirol an ihre nächsten Verwandten, die Habsburger. Von nun an lag die Residenz der Landesfürsten in Innsbruck. Meran nannte sich zwar noch gut 100 Jahre lang Landeshauptstadt, fiel aber in die Bedeutungslosigkeit zurück.

Aufstieg zur Kurstadt

Im 19. Jh. entdeckten die ersten Touristen die reizvolle Landschaft des Meraner Talkessels, Ärzte empfahlen das trockene Winterklima für eine Kur. Als die österreichische Kaiserin Sissi in den 1870er Jahren zwei Winter hier verbrachte, blühte Meran auf. Promenaden, Grandhotels und Villen entstanden, in wenigen Jahren verdoppelte sich die Stadtgröße. Erb- und Geldadel, Künstler und Parvenüs ließen sich auf dem „Südbalkon der Monarchie" nieder, bald war Meran unter Europas Kurorten eine der besten Adressen. Ein Hauch von Alt-Österreich hat sich auch nach der Annexion Südtirols durch Italien (1919) erhalten. Als Lazarettstadt blieb Meran von den Bomben des Zweiten Weltkrieges verschont, sodass der Jugendstil heute noch das Stadtbild prägt. Mit dem Wirtschaftswunder der Fünfzigerjahre begann eine neue Epoche. Dank des Autos mobiler geworden, zogen die Touristen hinaus ins Grüne. Die Gemeinden der Umgebung blühten auf, allen voran Schenna und Dorf Tirol. Auch wenn heute in den Dörfern rund um Meran mehr Gäste übernachten als in der Stadt, lebt das Burggrafenamt vom Ruf Merans.

SEHENSWÜRDIGKEITEN IN MERAN

1 Pfarrkirche ⊕⊕

Als man 1302 mit dem Bau der Pfarrkirche begann, war Meran gerade das Zentrum der neuen Grafschaft Tirol geworden. Entsprechend großartig sollte die Kirche ausfallen. Doch Überschwemmungen, die Pest und die leeren Kassen nach dem Umzug der Landesfürsten nach Innsbruck ließen den Bau immer wieder stocken. Deutlich zu sehen sind die verschiedenen Bauetappen am Turm – mit seinen 80 m ist er einer der höchsten in Tirol. Die Spitze oberhalb des Aussichtsbalkons, auf dem früher der Feuerwächter Ausschau hielt, setzte man erst im 17. Jh. auf. Auch an der Kirche selbst wurde lange gebaut. Der frühgotische Altarraum entstand um 1305, das Langhaus erst 60 Jahre später. Die Portale – das schönste befindet sich an der Südseite – wurden sogar noch später errichtet. Der Altarraum ist exakt nach Osten ausgerichtet, das Langhaus hingegen um einige Meter zum Küchelberg gedreht. So erklärt sich der auffällige Knick in der Längsachse. Auf diesem zentralen Treffpunkt des alten Merans konnten die Kirchgänger zwischen acht Gasthäusern und einer Brauerei wählen. Für die barocke Erneuerungssucht im 17. Jh. hatte Meran kein Geld. Auch deshalb ist die Kirche heute noch das größte erhalten gebliebene gotische Bauwerk Tirols. Die Beichtstühle und die Bänke sowie der Plattenboden und die farbigen Glasfenster stammen allerdings erst aus der Zeit um 1880. Nur das Fenster über dem Südportal ist älter, es trägt die Jahreszahl 1493. Geweiht wurde die Pfarrkirche dem heiligen Nikolaus, der zu jener Zeit auch für den Schutz vor Hochwasser zuständig war. An der Südfassade befindet sich eine gotische Nikolaus-Skulptur aus dem 14. Jh., die ihre segnende Hand zur unberechenbaren Passer hin erhebt. Es hat nicht immer etwas genützt.

Zeit im Überfluss

Beim Blick auf den Pfarrturm könnte man glauben, die Meraner gingen stets mit der Zeit. Am Turm hängen sieben große Uhren, an der Ost-, Süd- und Westseite jeweils zwei übereinander. Als Ende des 19. Jh. die Häuser immer höher wuchsen, waren die nur auf halber Höhe angebrachten Turmuhren von vielen Stellen der Stadt aus nicht mehr zu sehen. Da der Turm zur Spitze hin viel Platz bot, wurden die Uhren 1908 15 m nach oben versetzt. Die alten Zifferblätter blieben bis 1977 funktionslos, erst bei einer Restaurierung des Turms wurden auch sie wieder mit einem Uhrwerk versehen.

2 Laubengasse ⊕⊕

Mit über 200 Geschäften, einigen Straßencafés und Gasthäusern bilden die Lauben den Mittelpunkt der Stadt. Sie sind die längsten in Tirol und um 100 Schritt länger als die Bozener. Der Landesfürst Meinhard II. wollte damit unterstreichen, dass Meran bedeutender war als das von seinen Trienter Widersachern kontrollierte Bozen. Eine Ehre von kurzer Dauer. Heute sind die Lauben außerhalb der

Geschäftszeiten eine Oase der Ruhe. Wenn aber in der Hochsaison, zumal bei schlechtem Wetter, die Gäste aus der gesamten Umgebung zum Einkaufsbummel anrücken, gibt es oft kein Durchkommen mehr. Dann fällt es schwer, die kleinen Reize zu entdecken: Etwa die schönen Erker oder eines der typischen Stiegenhäuser mit Lichthof (Nr. 230), die Jahreszahl 1342 am Haus Nr. 68, die an die folgenschwere zweite Hochzeit der Margarethe Maultasch erinnert, die dort stattfand, oder die Nr. 49 mit ihrem dunklen Gewölbe, das einen ins Mittelalter zurückversetzt. Bis um das Jahr 1800 waren die Lauben zwei frei stehende Häuserzeilen. Erst danach wurden die dahinter liegenden Gärten dicht überbaut. Wer sich in einen der schmalen Durchgänge verirrt, kann – nur wenige Schritte neben den chromblitzenden Geschäften – auf Hinterhöfen und verwinkelten Treppen noch immer einen Hauch des alten Merans spüren.

3 Rathaus ⊕

Mit seiner nüchternen Fassade ist das Rathaus auf halber Höhe der Laubengasse ein schönes Beispiel für die italienische Moderne. Vielen Meranern ist es jedoch ein Dorn im Auge – wegen der Zeit, in der er es gebaut wurde. Das Baujahr 1929 prangt unter der großen Uhr auf dem Dachturm: Es ist das Jahr VII in der faschistischen Zeitrechnung. Das alte Rathaus, das damals weichen musste, ist als kleines Sgraffito auf der Laubenfassade zu sehen. Im Durchgang zum Treppenhaus hängt noch immer das in Marmor gemeißelte Bulletin, das am 4. November 1918 Italiens „glorreichen Sieg" über Österreich verkündete. In den Stockwerken darüber ist mehr Feingefühl nötig. Mit je 17 000 Einwohnern sind die beiden Sprachgruppen in Meran annähernd gleich stark vertreten. Bei den Kommunalwahlen entscheidet oft eine knappe Stimmenmehrheit, welche Sprachgruppe den Bürgermeister stellt. Der ist beim Regieren immer auch auf die Zustimmung des jeweils anderen Lagers angewiesen – ein Eiertanz, auch wenn außerhalb des Rathauses das Zusammenleben längst friedlich ist.

Lauben 192, Tel. 0473 250111

4 Landesfürstliche Burg ⊕⊕⊕

Hinter Efeu und hohen Bäumen versteckt sich eines der reizvollsten Gebäude der Stadt. Anders als der Name glauben macht, ist es keine Burg, sondern viel eher ein Lustschlösschen, erbaut um 1460 vom Tiroler Landesfürsten Sigmund. Dieser trug den Beinamen „der Münzreiche" – eine Anspielung auf die zahlreichen Bauten, die er sich dank einer eigenen Münzstätte leisten konnte. In seinem ausschweifenden Liebesleben soll Sigmund über 50 illegitime Kinder gezeugt haben. Sein kleines Meraner Stadtschloss ließ er im Stil der späten Gotik mit verzierten Türen, schönen Täfelungen, wohnlichen Räumen, Waffenkammern und einer Kapelle einrichten – in jeder Ecke findet man reizvolle Details. Der Wehrgang, die zinnenbewehrten Außenmauern und die Schießscharten sind allerdings nur Zierrat, einer Erstürmung hätte die Burg nicht lange standgehalten. Um 1500 nutzte Sigmunds Nachfolger, der spätere Kaiser Maximilian I., den Ansitz als Absteige, weshalb eines der Zimmer „Kaiserzimmer" genannt wird. Aber das hielt die Meraner Stadtverwaltung um 1875 nicht davon ab, genau an dieser Stelle eine Schule zu planen. Im letzten Moment verhinderte eine Bürgerinitiative den Abriss des Lustschlösschens und ergänzte die inzwischen verloren gegangene Einrichtung anhand alter Inventarlisten. Heute gibt diese kleine Burg einen seltenen Einblick in die gehobene mittelalterliche Wohnkultur.

Galileistraße, Tel. 0473 250329

🕒 Di–Sa 10–17 Uhr, Sonn- und Feiertage 10–13 Uhr

5 Ehemaliges Klarissenkloster ⊕

Von außen sieht man dem Gebäude der Volksbank am Kornplatz (am unteren Ende der Lauben) seine Geschichte nicht an. Das Innere aber wartet mit einer Überraschung auf. Über der Schalterhalle spannt sich das gotische Kreuzgewölbe einer alten Kirche, die zu einem 1290 gegründeten Frauenkloster gehörte. Benannt nach seiner ersten Äbtissin, Klara von Sterneck, verstand sich das Klarissenkloster als Verwahranstalt für Töchter aus gutem Hause, die nicht standesgemäß verheiratet werden konnten. Der Eintritt kostete reichlich Mitgift, sodass das Kloster über die Jahrhunderte ein beträchtliches

Theaterplatz mit Stadttheater

Vermögen anhäufte. 1782 ließ der aufklärerische Kaiser Joseph II. das Kloster schließen und die zahlreichen Häuser, Felder und Weingüter konfiszieren. Bis 1920 diente das Gebäude Bürgerfamilien als Wohnhaus, dann zog die Bank ein. Ein Nebeneingang links vom Bankgebäude führt in den ehemaligen Kreuzgang des Klosters, hier befinden sich Fragmente der Fresken aus der Kirche. Der Kreuzgang dient auch als Kunstgalerie. Die Treppe wird von sechs Heiligen bewacht, die von einem sehenswerten Wandfresko herabschauen. Sie dürften vom selben Künstler stammen wie die Wandgemälde in der Friedhofskapelle von Riffian (S. 36).
Kornplatz 3

6 Stadttheater ⊕

Es war das erste Jugendstil-Theater überhaupt und sorgte mit seinem Golddekor auf der Fassade, den geschwungenen Linien im Inneren und den vielen verspielten Details für Aufsehen. Selbst die Türbeschläge sind reich verziert. Kaum war das Theater im Jahr 1900 eröffnet, erhielt sein Architekt, der noch unbekannte Martin Dülfer aus München, gleich sechs weitere Aufträge. In Meran kam der Jugendstil mit dem Theater groß in Mode. Unter anderem wurden der neue Bahnhof, das Krankenhaus, zwei Passerbrücken und das Kurhaus in diesem Stil gebaut. Das für die Theaterfassade entworfene Wechselspiel von Rauputz und glatten Flächen wiederholt sich auch auf zahlreichen privaten Bauten, etwa schräg gegenüber am Theaterplatz oder am Grandhotel „Emma" in der Nähe des Bahnhofs.
Theaterplatz 2, Tel. 0473 233422

7 Freiheitsstraße ⊕

Diese zentrale Längsachse durch die Stadt entstand erst um 1860. Bis dahin verlief an dieser Stelle die südliche Stadtmauer zwischen Bozner und Ultner Tor, die auch vor der wilden Passer schützen sollte. Als vor der heutigen Promenade eine neue Wassermauer hochgezogen wurde, verlor die Stadtmauer ihre Funktion. An ihre Stelle rückte eine Häuserfront mit gründerzeitlichen Fassaden und davor eine neue Prachtstraße, die Habsburgerstraße. Nach der Annexion Südtirols durch Italien war dieser Name nicht mehr passend und so wurde daraus ein „Corso Principe Umberto" – benannt nach dem italienischen Kronprinzen. Den heutigen Namen bekam die Freiheitsstraße nach dem Zweiten Weltkrieg, in Erinnerung an die Befreiung von Faschismus und Nationalsozialismus.

Sandplatz

8 Sandplatz ⊕

Der unauffällige Platz am Beginn der Freiheitsstraße kam nach einer Katastrophe zu seinem Namen. 1339 brannte ein Großteil der hölzernen Stadthäuser ab. Fortan bauten die Bewohner mit Ziegeln und Steinen. Den Sand holten sie von einer flachen Uferstelle vor dem Bozner Tor, wo die Passer immer wieder für Nachschub sorgte. Gegen Süden wird der Sandplatz vom Konvent der Englischen Fräulein (sehr sehenswerte Kirche!) begrenzt. Älteren Meranern ist die Strenge der Fräulein heute noch gegenwärtig. Mitten auf dem Platz steht eine Mariensäule – aus Dankbarkeit dafür errichtet, dass die Stadt in den ersten napoleonischen Kriegen wie durch ein Wunder verschont blieb. An der Nordseite des Platzes befand sich Mitte des 19. Jh. das Torwirtshaus. Sein Besitzer erhielt als erster die Erlaubnis, die Stadtmauer für einen eigenen Eingang zu durchbrechen. Um 1870 mauserte sich die Gaststätte zum Grandhotel „Erzherzog Johann“, lange die beste Adresse der Stadt. 100 Jahre später erging es ihm wie vielen anderen Meraner Großhotels: Hinter der verschnörkelten Fassade befinden sich seit den Achtzigerjahren Büros und Wohnungen.

9 Stadttore ⊕⊕

Von der um 1300 errichteten Stadtbefestigung sind nur drei Tore übrig geblieben. Ein viertes, das Ultner Tor am heutigen Theaterplatz, sowie Reste der Stadtmauer verschwanden, als ab 1870 mit dem Tourismus eine rege Bautätigkeit einsetzte. Dem Fortschritt wäre beinahe auch das Vinschgauer Tor zum Opfer gefallen. Als dort 1903 der Transport eines neuen Dampfkessels für eine Brauerei stecken blieb, wollte man dieses „lebensgefährliche Verkehrshindernis“ kurzerhand schleifen. Eine vom Thronfolger Franz Ferdinand unterstützte Unterschriftenaktion bewahrte es vor dem Abriss. Während das Vinschgauer Tor mehrmals verändert wurde, zeigen das Bozner und das Passeirer Tor mit ihren Steinmauern, Schießscharten und steilen Turmdächern noch das Gesicht des Mittelalters. Am Passeirer Tor ist auch die Halterung für ein Fallgitter zu erkennen, mit dem man den Zugang zur Stadt augenblicklich versperren konnte. Gegen das Auto war das Gitter machtlos: Bis zum Bau einer Umfahrungsstraße um 1960 rollte der gesamte Verkehr vom Passeiertal und von Dorf Tirol durch dieses Tor in die Stadt.

Bozner Tor

10 Kurpromenade ⊕⊕

Kurpromenade mit Kurhaus

Die Zeiten, als Kurgäste hier ihre Garderobe zur Schau trugen und Liebschaften anbahnten, sind zwar längst vorbei. Noch immer aber ist die Promenade vor dem Kurhaus der Ort, der am meisten das Meraner Flair ausstrahlt. Bis um 1850 befand sich an dieser Stelle die Tuchbleiche, an der die Bürgersfrauen ihr Leinen in die Sonne legten. Sie protestierten vergeblich, als die 1855 gegründete Kurkommission das Bachufer für sich reklamierte, Hühnerställe abriss und Sitzbänke aufstellte. Mit dem Bau der Wassermauer als Schutz vor der Passer war dann der Platz für eine breite Promenade gewonnen. Ab 1870 hieß sie „Gisela-Promenade", benannt nach der österreichischen Kaisertochter, die mehrmals mit ihrer Mutter Elisabeth in Meran überwinterte. In der Zwischenkriegszeit wurde der Name der neuen politischen Lage entsprechend in „Passeggiata Regina Elena" abgeändert. Für die Meraner aber blieb es stets „die Promenade", die sie selbst gern entlangspazieren.

Was für ein Land!

Meran und seine Umgebung zogen auch viele Künstler an. Arthur Schnitzler traf hier 1886 seine heimliche Liebe Olga Waissnix. „Ich wollte, ich könnte Ihnen ein wenig Meran senden, den goldenen Sonnenschein und diese müde duftende Luft. So bedrückend schön wie hier ist's nirgends auf der Welt", schrieb sie ihm später nach Wien. Der russische Maler Wassily Kandinsky war hingerissen von den Farben im Meraner Becken und die deutsche Dichterin Gertrud von Le Fort reimte 1905 während des ersten ihrer zahlreichen Aufenthalte in Meran: „Um Schloß Tirol, da läutet/Von Glocken die ganze Luft,/Da schlafen wohl dreißig Schlösser/In ihrer Efeugruft." Auch Franz Kafka, 1920 zur Kur in der Stadt, war überwältigt: „Was für ein Land ist das! Du lieber Himmel, Milena, wenn Sie hier wären ...".

Rotunde im Kurhaus

11 Kurhaus ⊕⊕

Der niedere westliche Trakt war Merans erstes Kurhaus. Es enthielt nicht viel mehr als ein Lesezimmer, einen Rauchsalon, einen kleinen Spiegelsaal für die meist langweiligen Gesellschaftsabende sowie mehrere kohlensäurehaltige Bäder und „Douche-Apparate". An der klassizistischen Fassade steht in Goldschrift das Eröffnungsjahr 1874. 30 Jahre später war das alte Kurhaus viel zu klein, ein neues musste her. Dafür holten sich die vom Erfolg verwöhnten Meraner den Wiener Architekten Friedrich Ohmann. Ihm schwebte ein grandioses Bauwerk vor, rund dreimal so groß wie das jetzige Kurhaus. Die markante Rotunde und der Festsaal mit dem kielförmigen Kupferdach, die heute das Stadtbild prägen, sollten nur ein Auftakt sein. Kaum waren sie fertig gestellt, brach der Erste Weltkrieg aus. Ohmanns Projekt wurde nie vollendet. Aber auch so wurde das Meraner Kurhaus zum schönsten Beispiel für den Jugendstil im Alpenraum. 1969 fand hier die historische Landesversammlung der Südtiroler Volkspartei statt, in der das von Rom angebotene Autonomiepaket akzeptiert wurde. Heute wird das Kurhaus für zahlreiche Veranstaltungen genutzt – die einzige Gelegenheit, um in das sehenswerte Innere zu gelangen.

12 Passerbrücken ⊕

Auf der Höhe des Kurhauses führt eine Fußgängerbrücke über die Passer zur neuen Therme. Die Brücke ist das letzte Überbleibsel des einstigen Grandhotels „Meranerhof", das an der Stelle der heutigen Thermenanlage stand. Um einen direkten Zugang zur Promenade zu schaffen, hatte die Hoteldirektion um 1890 den – inzwischen verbreiterten – Steg über die Passer legen lassen. Auf das Hotel blickten die Meraner damals mit einigem Groll, versperrte der wuchtige, 1873 begonnene Bau doch den Blick nach Süden. Wie viele andere Hotels der Stadt war der „Meranerhof" im Zweiten Weltkrieg

Postbrücke

ein Lazarett, um 1960 machte es der alten Thermenanlage Platz. Diese wurde ihrerseits für das neue Kurbad abgerissen, das 2005 eröffnet wurde. Flussabwärts steht die Theaterbrücke mit Jugendstilelementen. Sie ersetzte um 1905, als die Straßenbahn nach Lana in Betrieb genommen wurde, den „naggelten Steg". Noch schöner als die Theaterbrücke ist die flussaufwärts gelegene Postbrücke. Ihr eleganter Bogen, die Goldsteine im Beton und das nach der Renovierung golden glänzende Geländer weisen sie als ein typisches Produkt des Jugendstils aus. 1909 ersetzte sie eine schwächliche Eisenbrücke, um der neuen Straßenbahn nach Obermais eine sichere Überfahrt zu garantieren. Heute erträgt sie geduldig den Verkehr, der dank vieler Ausnahmegenehmigungen in die „verkehrsberuhigte" Freiheitsstraße rollt.

Abgeschlossen

Meran war seit dem Ersten Weltkrieg eine wichtige Garnison. Vor Jahren führten die hier stationierten Soldaten aus ganz Italien ein sympathisches Ritual ein. Froh über das Ende ihres Militärdienstes hängten sie ihr Spindschloss ans Geländer der Theaterbrücke und warfen den Schlüssel in den Fluss. Bei einer Renovierung der Brücke wurden die Schlösser entfernt, der Brauch setzte sich am Geländer der Promenade fort. Seit der 2005 beschlossenen Umwandlung des italienischen Militärs in eine Berufsarmee stehen die meisten Kasernen auf dem ausgedehnten Militärgelände im Südwesten Merans weitgehend leer.

13 Spitalkirche zum Heiligen Geist ⊕⊕⊕

Sie ist die schönste der Meraner Kirchen und gehörte zum Heilig-Geist-Spital, das um 1300 von den Grafen von Tirol gestiftet wurde. Trotz des sehr lauten Verkehrs auf der Kreuzung vor der Post lohnt sich ein Blick auf das spätgotische Eingangsportal an der Westseite: Im Zentrum der Portalfiguren sitzt Gottvater mit dem gekreuzigten Christus auf dem Schoß. Daneben kniet in gleicher (!) Größe ein früherer Bürgermeister nebst Frau, der sich mit der prominenten Position für eine großzügige Spende belohnen ließ, mit der die Spitalkirche nach der Zerstörung durch ein Hochwasser um 1440 wieder aufgebaut wurde. Im Inneren, abgeschirmt vom Verkehrslärm, bietet die Kirche mit ihrem mystischen Licht spätgotische Architektur vom Feinsten und eine für die christliche Malerei ungewöhnliche Darstellung: In einer Kreuzigungsgruppe über der Mittelsäule hat neben Gottvater und Christus auch der heilige Geist ein menschliches Antlitz bekommen. In unmittelbarer Nachbarschaft zur Kirche befindet sich der ehemalige Sitz der faschistischen Partei. Der auffallend nahe am Straßenrand platzierte Bau gilt als ein gelungenes Werk der italienischen Moderne. Die Erklärung für diesen Standort: Im italienischen Faschismus war die Gotik als nordische Kunst verpönt. Man wagte es zwar nicht, die Heilig-Geist-Kirche abzureißen, rückte den Parteibau aber so weit nach vorn, dass er von Süden den Blick auf die gotische Kirche verstellte.

Romstraße, Ecke Cavourstraße

14 Maria-Trost-Kirche in Untermais ⊕

Die kleine Kirche an der viel befahrenen Romstraße (Ecke Schafferstraße) ist selbst den meisten Meranern kaum bekannt. Dabei zählt sie zu den ältesten im Burggrafenamt. Die Kirche wurde vermutlich bereits im 9. Jh. errichtet, zwei romanische Bauphasen kann man ablesen. Die heutige Form dürfte Mitte des 12. Jh. entstanden sein. An den Außenfassaden befinden sich gotische, im Inneren zahlreiche spätromanische Freskenfragmente. Sie gehören zu den schönsten noch sichtbaren Beispielen des byzantinischen Stils in Südtirol. Die Kirche zeigt sich heute umfangreich saniert.

Romstraße, Ecke Schafferstraße

15 Evangelischer Friedhof ⊕

Er ist der stimmungsvollste der Meraner Friedhöfe. Im Halbdunkel dichter Bäume stehen überwucherte, oft schiefe Grabsteine – auf manchen ist die Inschrift kaum noch zu lesen. Kyrillische Buchstaben neben irischen Rundkreuzen, russischer Adel neben deutschen Fabrikanten – ein Gang über den Friedhof führt in Merans Zeit als mondäner Kurort. Der erste evangelische Friedhof wurde 1861 gegen den heftigen Widerstand vieler Katholiken angelegt. Er befand sich hinter der Heilig-Geist-Kirche und beherbergte auch einen jüdischen Teil. Dieser alte Friedhof wurde um 1900 geschlossen und um 1940 zum heutigen Marconi-Park umgestaltet. Die Grabsteine sind noch an der Mauer des jetzigen evangelischen Friedhofs zu sehen.

Marlinger Straße

Angst vor dem Kummersee

Ein Felssturz verlegte um 1400 den Oberlauf der Passer und staute den Fluss bei Rabenstein zu einem großen See. 1419 brach er zum ersten Mal aus. Die Flutwelle riss die Meraner Heilig-Geist-Kirche während einer Messe mit. 400 Menschen sollen dabei umgekommen sein, ein Viertel der Stadtbevölkerung. Im Abstand von rund 50 Jahren brach der Kummersee dann immer wieder aus und verbreitete jedes Mal Angst und Schrecken. 1774 kam es zur letzten großen Katastrophe. Beim Versuch, den vollen See kontrolliert abzuleiten, brach der Damm. Das Hochwasser zerstörte in Meran die neuen Wasserschutzdämme, zahlreiche Häuser und fast alle Brücken. Dieser Ausbruch spülte die Reste des alten Felssturzes mit sich, sodass sich der See seither nie mehr bildete. Vor der Heilig-Geist-Kirche liegen heute noch riesige Flusssteine, die die Passer bei einer der Überschwemmungen an Land gespült hat.

Der Held von Armenien

Johannes Lepsius war schon zu Lebzeiten eine Legende. Der evangelische Pfarrer aus Potsdam reiste 1896 als Teppichhändler verkleidet durch den Kaukasus, um die Gräueltaten der Türken an den Armeniern zu dokumentieren. Seine bittere Anklage gegen die Großmächte, die dem Massenmord tatenlos zusahen, erregte in Deutschland viel Aufsehen. 1914 wurde Armenien zum autonomen Gebiet erklärt. Ein Jahr später deportierte die Türkei einen Großteil der auf ihrem Gebiet lebenden Armenier in die mesopotamische Wüste, eine Million Menschen wurde dabei getötet. Bis heute leugnet die Türkei den Völkermord. Lepsius starb 1926 während eines Kuraufenthaltes in Meran. Sein Grab auf dem evangelischen Friedhof von Meran ist für die Armenier eine Gedenkstätte.

16 Winter-, Sommer- und Gilfpromenade ⊕⊕

An die Kurpromenade schließt sich flussaufwärts die Winterpromenade an. Als die Hauptsaison noch von September bis Mai reichte (etliche Gäste blieben tatsächlich die ganze Zeit), nutzte man die windgeschützte Lage zur Freiluftkur. Man saß in der Sonne, trank frische Molke, aß von den Kurtrauben und spazierte durch die nach Süden hin offene Wandelhalle. Deren geschwungene Eisenkonstruktion ist heute ein beliebtes Fotomotiv. Unter ihrem Dach hat man einige Pioniere des Meraner Tourismus verewigt, z. B. den Münchner Literaten Friedrich Lentner, der 1842 wegen eines Lungenleidens nach Meran kam, als „Vergnügungsarrangeur" Winzerfeste und

Wandelhalle

Gesellschaftsabende organisierte und auf Betreiben des tourismusfeindlichen Stadtpfarrers zweimal des Landes verwiesen wurde. Wenige Schritte flussaufwärts steht das „Strichcode-Haus". Das kleine Gebäude war bis vor einigen Jahren immer wieder das Ziel von Sprayern – im Rahmen des Kunstunterrichts wurden die Graffiti von einer Oberschulklasse mit einem großflächigen Strichcode übermalt. Auf der gegenüberliegenden Seite der Passer befindet sich die um 1870 angelegte Sommerpromenade. Sie sollte die Sommersaison ankurbeln, was bis 1914 jedoch nicht gelang. Die parkähnliche, sehr schattige Anlage ist bei großer Hitze einer der angenehmsten Orte Merans. Sommer- und Winterpromenade führen am Steinernen Steg (1617 erbaut und fälschlicherweise auch „Römerbrücke" genannt) vorbei in die Gilfschlucht. Über der Schlucht thront die Zenoburg, zeitweise die Residenz der Grafen von Tirol, heute in Privatbesitz und nicht zugänglich. Die Gilf ist ein Klimawunder: Im Sommer ist es dort dank der rauschenden Passer angenehm kühl, im Winter mild. Ideal für viele mediterrane Gewächse.

Sissis Kopf

Kurz nach der Ermordung von Kaiserin Elisabeth (1898) in Genf setzten die Meraner ihr ein Denkmal aus weißem Marmor. Man wusste, was man Sissi zu verdanken hatte. Ihre vier Reisen nach Meran (1870, 1871, 1889, 1897) hatten für die nötige Publicity und den Aufstieg zum mondänen Kurort gesorgt. Bald nach der Machtergreifung der Faschisten wurde die Statue aber in eine hintere Ecke des Parks verbannt, eines Tages wurde ihr sogar der Kopf abgeschlagen. Das Denkmal ist längst an den prominenten Platz am Eingang zur Sommerpromenade zurückgekehrt, der Kopf aber ist ein Replikat. Das zertrümmerte Original verwahrte lange Zeit die Kurverwaltung; nun gilt es als verschollen.

17 Tappeinerweg ⊕⊕⊕

Mit rund 5 km ist der Tappeinerweg eine der längsten Promenaden Europas – und wohl auch eine der heißesten. Sie zieht sich 100 m über der Stadt den gesamten Küchelberg entlang bis nach Gratsch. An dem von der Sonne aufgeheizten Fels gedeihen Kakteen, Zypres-

sen, Palmen und Oliven. An einigen Stellen ist auch Gletscherschliff zu sehen – glatt polierte Felsen aus der letzten Eiszeit, als die aus Westen und Norden vorrückenden Gletscher den Küchelberg formten. Seinen Namen hat der Weg vom Kurzart Franz Tappeiner, der um 1890 ein Vermögen für den Bau spendete. Mit dem Geld entstand der Abschnitt von der Gilfschlucht, vorbei am Pulverturm, bis zu den Serpentinen, die zur landesfürstlichen Burg und zu den Lauben hinunterführen. Die Verlängerung nach Gratsch wurde in den 1930er Jahren gebaut. „Der Tappeiner" ist neben der Gilf auch für Einheimische ein beliebter Spazierweg – vor allem im Winter.

Am Tappeinerweg

18 Pulverturm ⊕

Der viereckige Turm am Tappeinerweg, hoch über der Altstadt, gehörte zur mittelalterlichen Burg Ortenstein. Sie stand vermutlich am Passeirer Tor und wurde gegen Norden hin von einer steil auf den Küchelberg führenden Stadtmauer geschützt. Reste dieser Mauer sind noch zu sehen. Seinen heutigen Namen bekam der Turm 1629.

Steinerner Steg mit Pulverturm

Im Dreißigjährigen Krieg hielt man zur Verteidigung so viel Pulver in der Stadt, dass den Räten angst und bange wurde. Zur Sicherheit lagerte man das Pulver schließlich in den Turm aus. Heute stehen nur noch seine Außenmauern. Eine Treppe führt hinauf zu einer Aussichtsplattform.

Auf zur Terrainkur!

1882 entdeckte Robert Koch in Berlin den Tuberkelbazillus und empfahl, davon befallene Patienten wegen der Ansteckungsgefahr in geschlossene Anstalten einzuweisen. Für Meran eine dramatische Nachricht – hielten sich doch viele Lungenkranke wegen des milden Klimas in der Kurstadt auf. Jeder von ihnen galt plötzlich als gefährlicher Bazillenträger. Zum Glück machte wenig später der Münchner Arzt Max Oertel mit seinen Terrainkuren von sich reden. Übergewichtigen verschrieb er spezielle Übungen, die auf Wegen mit genau berechneten Steigungen auszuführen waren; Meran erkannte darin eine Marktlücke. Nach Oertels Anweisungen wurden 1892 die Serpentinen des Tappeinerweges angelegt. Das beste Ergebnis werde erzielt, wenn „man den linken Fuß mit Beginn der Einatmung aufhebt und mit der Vollendung derselben niedersetzt, dann den anderen beim Anfang der Exspiration erhebt und nach Beendigung derselben wieder mit demselben auftritt. Auf diese Weise ergibt sich das Marschtempo von selbst." Versuchen Sie's; es trainiert zumindest die Lachmuskeln!

19 Therme Meran ⊕

Die jüngste Meraner Attraktion befindet sich gegenüber dem Kurhaus. Hier, am linken Passerufer, stand bis vor kurzem die in den 1960er Jahren gebaute alte Thermenanlage. Im Volksmund hieß sie „die Salvar" – benannt nach einer vom Staat kontrollierten Gesellschaft, die das Kurbad führte. Deshalb sahen viele deutschsprachige Meraner in dem Bad einen Fremdkörper, obwohl dort eines der größten Events in der Geschichte Merans über die Bühne ging: das legendäre Finale der Schach-WM 1981 zwischen Viktor Kortschnoi und

Die Gärten von Schloss Trauttmansdorff

Anatoly Karpov. Versteckt hinter hohen Bäumen führte „die Salvar" zumeist ein Schattendasein und schrieb rote Zahlen. 1997 schenkte die Staatsverwaltung die Anlage dem Land Südtirol, das nicht zögerte, das alte Bad abzureißen. Den Neubau samt Hotel ließ es sich rund 120 Millionen € kosten. Die 2005 eröffnete neue Therme lockt mit 25 Innen- und Außenbecken, einer vielfältigen Saunalandschaft und einem Park, der teilweise frei zugänglich ist. Ein Besuch der Therme lohnt schon allein wegen ihrer Architektur.

Thermenplatz 9, Tel. 0473 252000, www.thermemeran.it, ⌚ tgl. 9–22 Uhr

20 Die Gärten von Schloss Trauttmansdorff ⊕⊕⊕

Auf der Suche nach einem irdischen Paradies? Auf einer 12 ha großen, sonnigen Fläche im Osten von Meran hat man die ganze Welt in einem Garten vereint. Hier gedeihen in über 80 Gartenlandschaften, angelegt in der Form eines Amphitheaters, seltene Südtiroler Rebsorten neben mexikanischen Kakteen, Oliven neben englischen Gartenhecken, duftende Macchia neben Feigen und Lavendel. Im Seerosenteich schwimmen Lotosblumen, Palmen stehen vor der Kulisse der Meraner Berge und über allem thront Schloss Trauttmansdorff, einst Feriensitz der Kaiserin Elisabeth und jetzt ein vergnügliches Museum über den Südtiroler Tourismus (S. 42). Seit ihrer Eröffnung im Sommer 2001 haben sich die Gärten („Schönster Garten Italiens 2005" und „Europas Garten Nr. 6 2006"!) wegen ihrer bezaubernden Lage zu einer der bekanntesten Attraktionen Südtirols entwickelt. Vorsicht: Im Sommer ist es zur Mittagszeit sehr heiß. Für den Besuch der Gärten und des Schlosses (die Eintrittskarte berechtigt zur Besichtigung beider Sehenswürdigkeiten) sollte man mindestens einen halben Tag einplanen. In rund 45 Minuten kann man auf dem gut ausgeschilderten Sissi-Weg (die Kaiserin ist ihn wohl nie gegangen, der Name ist aber allemal geschickt gewählt) von der Kurpromenade durch das Villenviertel Obermais – vorbei an Lebensstationen von Kaiserin Elisabeth – nach Trauttmansdorff streifen – meist über Spazierwege und durch verkehrsarme Wohnstraßen.

St.-Valentin-Straße 51a, Tel. 0473 235730, www.trauttmansdorff.it, Bus 1A oder 4 ab Meran-Stadt, ⌚ 1. April – 15. November 9–18 Uhr, 15. Mai – 15. September bis 21 Uhr, kein Ruhetag

SEHENSWÜRDIGKEITEN IN DER UMGEBUNG

21 Die Kartause von Schnals

Im Mittelalter legte der strenge Einsiedlerorden der Kartäuser im Schnalstal ein Kloster an. Die Mönche lebten in totaler Abgeschiedenheit. Durch verwinkelte Durchreichen, die keinen Blickkontakt zuließen, bekamen sie Essen und Trinken in die Zellen geschoben. Als der aufklärerische österreichische Kaiser Joseph II. 1782 zahlreiche Klöster schließen ließ, wurde auch die Kartause von Schnals säkularisiert. Sie wurde von den Bauern der Umgebung in Besitz genommen, um das Kloster herum entstand das heutige Dorf Karthaus. Teile der Klosteranlage sind noch zu erkennen. Einige erhaltene Mönchszellen lassen die Lebensumstände der Eremiten noch erahnen.

Führungen Mitte Juni bis Mitte September So 15 Uhr, Auskunft im Tourismusbüro (Tel. 0473 679148)

22 Schloss Juval bei Naturns

Der Besitzer ist bekannter als das Bauwerk. 1984 hat der Extrembergsteiger Reinhold Messner das hoch über dem Eingang ins Schnalstal thronende Schloss gekauft und als Wohnburg eingerichtet. Ein Teil ist zugänglich und bezaubert mit exotischem Flair. Messner präsentiert dort viele Erinnerungsstücke, die er von seinen Expeditionen mitgebracht hat: Masken aus vier Kontinenten, Skulpturen aus Indien, Nepal und Tibet, Tantra-Kunst aus Tibet, Nepal und Buthan. Die Burg selbst stammt aus dem 13. Jh. und besitzt eine sehenswerte Kapelle. Zu Juval gehört auch eine urige Gastwirtschaft.

Besichtigung nur mit Führung von Palmsonntag bis Anfang November (außer Juli und August) Do–Di 10–16 Uhr, Mi geschlossen (Tel. 348 4433871 oder Tel. 0473 668056). Die steile Straße zum Schloss ist in der Regel gesperrt, während der Öffnungszeiten steht ein Shuttlebus zur Verfügung. Zu Fuß ist das Schloss über einen reizvollen Waalweg ab Tschars zu erreichen.

Plauser Totentanz

Auf der Friedhofsmauer im Dorfzentrum von Plaus hat der in Marling lebende Maler Luis Stefan Stecher einen makaberen Bilderbogen angebracht. Die 18 Szenen handeln vom christlichen Glauben, von lokaler Geschichte, vom bäuerlichen Leben und von moderner Mobilität – und: Durch alle Szenen tanzt der Tod als ständiger Begleiter des Lebens.

23 St. Prokulus in Naturns ⊕ ⊕

Die kleine Kirche steht unscheinbar in den Obstplantagen bei Naturns und gilt doch als einer der bedeutendsten Sakralbauten der ganzen Gegend. Prokulus, ein Bischof aus Verona, musste im 4. Jh. seine Stadt verlassen und wurde angeblich als Märtyrer im heutigen Naturns beigesetzt. Dort baute man – wahrscheinlich im 7. Jh. – die ihm geweihte kleine Kirche. Berühmt ist sie wegen ihrer vielen einzigartigen Fresken aus verschiedenen Epochen.

24 Schloss Tirol ⊕ ⊕

Von ihm hat das Land Tirol seinen Namen. Eine erste Burg entstand um das Jahr 1000 auf den Resten einer romanischen Kirche aus dem 5. Jh. Um 1140 zogen die Grafen von Tirol ein und ergänzten die Burg um einen mächtigen Bergfried. Außerdem bauten sie den noch erhaltenen Rittersaal, die romanische Kapelle und die heute berühmten marmornen Portale. Unter Meinhard II. wurde die Burg um 1280 zum Zentrum des Landes Tirol. Doch mit ihm ging die Blütezeit auch schon zu Ende. 1302 brannte ein großer Teil ab, die Landesfürsten zogen in die Zenoburg. Burg Tirol wurde während der Regentschaft von Margarethe Maultasch zwar noch einmal saniert, aber weil die Landesfürsten nach ihr in Innsbruck residierten, verlor man an dem Bauwerk jedes Interesse: Dächer stürzten ein, der Bergfried fiel in sich zusammen, Teile der Burganlage rutschten ab. An der Ostseite ist noch immer die Abrisskante zu sehen. Um 1600 diente die Burg nur noch als Gefängnis. Mit dem von Andreas Hofer geführten Bauernaufstand gegen Napoleon wurde die Ruine zum Symbol eines neuen Tiroler Nationalgefühls. Aber erst Ende des 19. Jh. begann man mit der Restaurierung, bei der auch der dominante neue Bergfried entstand. Zwar ist im Schloss fast nichts mehr von der historischen Einrichtung vorhanden, doch schon allein wegen der zweigeschossigen Kapelle mit ihren Fresken und der reich verzierten Portale lohnt sich ein Besuch. Seit 2003 ist auf Schloss Tirol ein Museum zur Südtiroler Landesgeschichte (S. 45) untergebracht.

Eine Woche vor Ostern bis Ende November Di–So 10–17 Uhr, August 10–18 Uhr, Mo geschlossen

Margarethe Maultasch

Sie war die letzte Tiroler Landesfürstin und spielte eine tragische Rolle. Kaum 12 Jahre alt vermählte man sie mit dem 8-jährigen Johann Heinrich von Luxemburg, einem Sohn des böhmischen Königs. Die Kinderehe endete abrupt nach elf Jahren: Als der junge Ehemann 1341 von einem Jagdausflug heimkehrte, verweigerte ihm Margarethe den Zutritt zur Burg Tirol. Kurz darauf heiratete die 24-Jährige den Wittelsbacher Ludwig von Brandenburg.

Schloss Tirol

Auch diese Hochzeit stand unter keinem guten Stern. Der Papst von Avignon erkannte die zweite Ehe nicht an und belegte das Paar mit dem Kirchenbann. Als wenig später Tirol unter Erdbeben, einer Heuschreckenplage, der Pest und Überschwemmungen litt, sah die kirchentreue Bevölkerung darin eine Strafe des Himmels für den Frevel der Landesfürstin. Das erklärt den schlechten Ruf, den man Margarethe Maultasch – den Beinamen bekam sie von einer ihrer Zollstationen bei Terlan – nach ihrem Tod 1369 andichtete: Sie hätte ein liederliches Leben mit vielen Männern geführt und wäre hässlich und entstellt gewesen.

25 St. Peter bei Tirol ⊕

Die kleine Kirche neben Schloss Tirol ist ein Werk der Frühromanik. Die Wandmalereien an der Außenseite und im Altarraum entstanden im 14. Jh. Der idyllische Friedhof war eine Zeit lang die Begräbnisstätte des kleinen Weilers Pfelders im hintersten Passeier. Die Toten mussten in einem fast 12-stündigen Fußmarsch über die Jöcher getragen werden. Wer im Winter starb, wurde bis zum Frühjahr in Schnee und Eis eingefroren. Unter einer hölzernen Luke im Seitenschiff findet sich noch heute eine Kuriosität: Eine Grabplatte mit einer Öffnung in Brusthöhe, durch die die Seele am Jüngsten Tag in den Himmel aufsteigen kann.

26 Schloss Schenna ⊕

Wie eine Krone thront dieses Wohnschloss über dem Dorfkern von Schenna. Ein Vertrauter von Margarethe Maultasch hatte es sich um 1350 gebaut. Nach ihm lebten mehrere bedeutende Tiroler Adelsfamilien darin. Der wohnliche Charakter zeigt sich in einem reizvollen Innenhof und im getäfelten Rittersaal mit seinen intarsienverzierten Möbeln. Zu seiner heutigen Bedeutung kam Schloss Schenna aber erst 1844 mit dem Einzug des österreichischen Erzherzogs Johann. In den großen, hellen Räumen mit herrlicher Aussicht hängt ein Teil seiner umfangreichen Bildersammlung – darunter das einzige Ölbild von Andreas Hofer, das zu dessen Lebzeiten gemalt wurde. Zu sehen sind

auch zahlreiche persönliche Gegenstände des Erzherzogs, sein Arbeitszimmer sowie seine große Waffensammlung. Sie besteht aus allerlei Lanzen und Gewehren, mittelalterlichen Schießprügeln sowie dem Schwert des Scharfrichters von Meran.

Karwoche bis Allerheiligen, Besichtigung nur mit Führung Mo–Sa 10.30, 11.30, 14 und 15 Uhr, Sonn- und Feiertage geschlossen (außer Ostermontag, 1. Mai, Maria Himmelfahrt)

Erzherzog Johann

Das Mausoleum Erzherzog Johanns

Sein Vater, sein Onkel und sein Bruder waren Kaiser. Erzherzog Johann (1782–1859) aber schlug aus der Art. Der junge Habsburger versuchte sich als Bergsteiger und trug mit Vorliebe das grobe Gewand der Bauern. Beim Tiroler Aufstand gegen Napoleon und beim Friedensschluss in Wien ergriff er so eindeutig Partei für die Tiroler, dass ihm sein Bruder – Kaiser Franz – 1811 für 20 Jahre die Einreise ins geliebte Tirol verbot. Der „grüne Rebell" legte dafür in der Steiermark einen landwirtschaftlichen Musterbetrieb an, machte sich für die Industrialisierung stark, verhöhnte bei jeder Gelegenheit den Adel und dessen Standesdünkel und heiratete zum Entsetzen seines Familienclans die Tochter eines Postmeisters. Nach dem Ende des Einreiseverbotes erfüllte sich Johann mit dem Kauf von Schloss Schenna einen Lebenstraum. Sein letzter Wunsch, mit Blick ins Etschtal begraben zu werden, erfüllt sich zunächst nicht. 1859 wurde der Erzherzog in Graz beigesetzt. Als zehn Jahre später aber neben Schloss Schenna das für ihn bestimmte neugotische Mausoleum aus rotem Sandstein fertig war, veranlasste seine Frau – mittlerweile als Gräfin von Meran in den Adelsstand erhoben – die Überführung der Gebeine. 1885 wurde sie ebenfalls dort beerdigt.

Karwoche bis Allerheiligen Mo–Fr 10–11.30 Uhr und 15–16.30 Uhr, Sa, Sonn- und Feiertage geschlossen

Fresko in der Friedhofskapelle von Riffian

27 Rundkirche von Schenna ⊕⊕

In St. Georgen, einem Weiler abseits von Schenna, steht zwischen neuen Hotels mit üppigen Holzbalkonen eine kunsthistorische Rarität, eine Rundkirche aus dem 12. Jh., vermutlich von einem Kreuzritter oder Wallfahrer ins Heilige Land erbaut. Im Inneren mit seinem überraschenden Raumeindruck sind neben einer Darstellung der himmlischen Pforte etliche eigenartige Figuren zu sehen. Sie stellen die 24 Ältesten dar – ein Kult, der im 14. Jh. von Böhmen nach Tirol kam, zahlreiche Blüten trieb, bald darauf aber von der Kirche verboten wurde. Beeindruckend sind auch die Wandmalereien mit blutigen Szenen aus der Georgslegende sowie ein spätgotischer Flügelaltar von ca. 1490. Er stammt vermutlich aus der Werkstatt des berühmten Altarbauers Hans Schnatterpeck und ist neben dem Altar in Niederlana (S. 38) einer der schönsten im Burggrafenamt.

🕒 Mo–Sa 10–12, 14–17 Uhr, Sonn- und Feiertage geschlossen

28 Friedhofskapelle Riffian ⊕⊕

Im Schatten der Wallfahrtskirche von Riffian mit ihrem massigen Zwiebelturm steht eine kleine Friedhofskapelle. Sie ist mit vielen Szenen aus dem Alten und Neuen Testament ausgemalt, bei denen man wegen der vielen Details des Schauens nicht müde wird. Die um 1415 entstandenen Fresken sind von einem Meister Wenzeslaus signiert. Wahrscheinlich handelt es sich um denselben böhmischen Künstler, der die berühmten Jahreszeitenbilder im Adlerturm des Castel Buonconsiglio in Trient gemalt hat. Die Kapelle war ab 1415 als Wallfahrtsstätte anerkannt. Vor einem Marienbild ist im Tonziegelboden deutlich jene Stelle zu sehen, an der viele Wallfahrergenerationen auf die Knie gefallen sind. Im späten 17. Jh. wurden die Pilger so zahlreich, dass eine große Kirche dazugebaut wurde. Riffian ist heute noch der wichtigste Wallfahrtsort des Burggrafenamtes, auch wenn die Erntedank-Prozessionen im Spätherbst immer weniger Teilnehmer haben.

29 Pfarrkirche St. Martin ⊕

Einer Legende zufolge hat sich im späten Mittelalter während einer Messe vor dem Seitenaltar der Messwein rot gefärbt – eines der vielen „Blutmirakel" im streng katholischen Tirol. Die kirchliche Obrigkeit wollte den Glauben daran zwar unterbinden, konnte aber nicht verhindern, dass der „Heiligblutaltar" in St. Martin verehrt und zum Ziel vieler Pilger wurde. Andreas Hofer verfügte in der Nacht vor seiner Hinrichtung, dass seine Totenmessen stets vor diesem Altar zu halten sind. Die sehenswerten Ölbilder und Schnitzarbeiten in der Kirche sind das Werk einer renommierten Künstlerschule, die in der Barockzeit in St. Martin ihren Sitz hatte.

30 Schloss Lebenberg bei Tscherms ⊕ ⊕

Das mächtige Schloss mit seinem 24 m hohen Turm wurde um 1260 von den Herren von Marling erbaut. Ihr Wappentier, der Löwe, gab der Anlage den Namen. Die Lebenberger starben zwar um 1430 aus, ihr Schloss aber wurde auch später durch glückliche Umstände nie zerstört oder geplündert. Deshalb ist es heute eine der am besten

erhaltenen Wohnburgen in Südtirol. In den getäfelten Räumen steht spätgotisches Mobiliar, an den Wänden hängen zahlreiche Ölbilder, Rüstungen und Waffen. Im Rittersaal ist ein ungewöhnlicher Stammbaum aus dem Jahr 1655 zu bewundern. Er besteht aus 264 gemalten Mitgliedern der Familie Fuchs, die auf die Lebenberger folgte und eine der mächtigsten Familien in Tirol war. Sehenswert sind auch die gotische Burgkapelle sowie ein hübscher Ziergarten vor dem Schloss mit grandioser Aussicht auf das Etschtal und Meran. Schloss Lebenberg ist über eine schmale Straße oder über den Waalweg Töll–Lana zu erreichen, der knapp unterhalb verläuft.

Ostern–Allerheiligen, geführte Besichtigung Mo–Sa 10.30–12.30 Uhr, 14–16.30 Uhr, So geschlossen

31 Pfarrkirche Niederlana

Die spätgotische, auf den Resten einer römischen Siedlung gebaute Kirche hat ein sehr schönes Schiff mit einer umlaufenden Empore und wäre allein deshalb schon sehenswert. Berühmt ist die Kirche aber wegen ihres Altars. Mit über 14 m ist er der höchste Flügelaltar im Alpenraum und zeigt den Reichtum und das Selbstbewusstsein der damaligen Weinbaugemeinde Lana. Als Erbauer des Altars gilt gemeinhin Hans Schnatterpeck, der um 1500 in Meran eine hoch angesehene Altarbauwerkstatt betrieb. Das bekannteste Werk, eben der Schnatterpeck-Altar von Niederlana, hat der Meister aber allenfalls entworfen. Gebaut haben ihn vermutlich Bildhauer und Maler, die Schnatterpeck in seiner Werkstatt beschäftigte. Die Außenseiten der Flügel stammen zum Beispiel von einem Schüler Albrecht Dürers. Allein den Altaraufsatz ließen sich die Bauern von Lana damals 1 600 Gulden kosten. Ein Teil davon wurde in Naturalien bezahlt, und zwar mit acht Wagenladungen Wein.

Die älteste Rebe Europas

Ihr Laubdach ist so groß wie zwei Tennisplätze, ihr Stock so dick wie ein Baum und auch ihr Alter ist schier unglaublich: 600 Jahre – falls die Geschichte stimmt, die man sich von der Weinrebe von Katzenzungen erzählt. Um 1400, so viel ist urkundlich gesichert, pflanzten die Herren von Schlandersberg neben ihrem Stammschloss im Vinschgau eine in Tirol unbekannte Weißweinsorte. Man nannte sie „Versoaln“, vermutlich eine Abwandlung von Versailles, woher der Setzling stammen könnte. Um dieselbe

Zeit kauften die Schlandersberger auch das Schloss Katzenzungen bei Prissian. Und da die Riesenrebe am Schlosshügel von derselben Sorte ist, wird vermutet, dass sie bereits damals gepflanzt wurde. Trotz des hohen Alters ist sie erstaunlich vital. In guten Jahren trägt sie 700 Kilo Trauben. Das reicht für eine Sonderabfüllung, die es in der Vinothek von Katzenzungen zu verkosten gibt.
Tisens, Prissian 11, Tel. 0473 927018,
www.castel.katzenzungen.com
Vinothek: Mo–Fr 17–18 Uhr

Schloss Katzenzungen mit Europas ältester Rebe

32 St. Hippolyt

Die kleine Kirche hat in der Kunstgeschichte zwar kaum Bedeutung, sie steht aber an einem bezaubernden Ort hoch über der Straße zum Gampenpass. Auf einer Felskuppe neben der Kirche finden sich Spuren einer prähistorischen Siedlung. Wer dafür keine Augen hat, kann sich an dem prächtigen Ausblick über das Etschtal und den Meraner Talkessel erfreuen. In einem Wald unterhalb der Kirche liegt ein fast zugewachsener, stiller Weiher. Weiher und Kirche sind auf einem schattigen Waldweg in wenigen Minuten von der Gampenpassstraße (nach dem ersten Tunnel) zu erreichen. Der kurze Ausflug nach St. Hippolyt lässt sich gut mit einer Besichtigung der Ansitze im nahen Prissian und der Kirche von St. Jakob verbinden.

33 Ansitze in Prissian

Oberhalb von Lana erstreckt sich ein Hochplateau mit den Ortschaften Tisens und Prissian. Sie liegen auf ca. 700 m und waren, als das Etschtal noch ein ungesundes Sumpfgebiet war, die bevorzugte Wohngegend des Adels. Davon zeugen heute noch zahlreiche Ansitze und Schlösser. Die auffälligsten stehen in Prissian. Schloss Katzenzungen war bis zum 15. Jh. eine kleine Burg, ehe ein im Dienst der Habsburger kämpfender Feldherr sie zu einem prächtigen Wohnschloss im Stil der Renaissance ausbaute. Die elf Pechnasen an der Außenfassade dienten vermutlich nur zur Dekoration, gestürmt wurde der Ansitz nie. Dafür setzte im 18. Jh. mit einer Serie von Besitzerwechseln der Verfall ein. Erst um 1980 wurde das Schloss von einem Meraner Geschäftsmann mit großem Aufwand renoviert. Die herrschaftlichen Säle und schönen Stuben werden für Hochzeiten, Seminare und Candle-Light-Dinner genutzt. Unweit von Katzenzungen steht die Fahlburg. Sie wurde im 16. Jh. von der damals mächtigen Familie Brandis zur Wohnburg im Stil der venezianischen Spätrenaissance ausgebaut. Mehrere gewölbte Stuben im Erdgeschoss und zwei herrschaftliche, mit Ölbildern behängte Säle verbreiten noch immer einen Hauch dieser Zeit.

Führungen durch Schloss Katzenzungen von Ostern bis Allerheiligen jeden Do um 16 Uhr. Die Fahlburg ist offiziell nicht zugänglich. Gästen des netten Cafés im Schlossgarten und des Restaurants wird in der Regel aber eine kurze Besichtigung gestattet.

34 St. Jakob in Grissian

Ganz im Südwesten des Burggrafenamtes, ca. 6 km von der Straße zum Gampenpass entfernt, steht mitten im Wald eine kleine Kirche. Sie ist dem Pilgerpatron Jakobus geweiht und stammt aus dem

12. Jh., als die Wallfahrten ins spanische Santiago de Compostela in Mode kamen. Die reichhaltigen Wandgemälde aus dem 13. und 14. Jh. gelten als Rarität. Sie verbreiten in dem Kirchlein eine mystische Stimmung. Zu diesem Ort der Ruhe und Einkehr führt von Prissian aus eine schmale, teils steile Straße. Der letzte Kilometer ist ein malerischer Fußweg.

St. Jakob in Grissian

Touriseum

MUSEEN & GALERIEN

A Touriseum ⊕ ⊕ ⊕

Ein vergnügliches Museum über Touristen und Einheimische. Lebensgroße Figuren, mechanische Bühnen und lebendige Inszenierungen führen unterhaltsam und mit viel Ironie durch die 200-jährige Südtiroler Tourismusgeschichte. Das 2003 eröffnete Touriseum befindet sich im Schloss Trauttmansdorff, rund um das Schloss wurde ein botanischer Garten (S. 30) angelegt. Für den Besuch des Touriseums und der Gärten (die Eintrittskarte ist für beide Attraktionen gültig) sollte man mindestens einen halben Tag einplanen.

St.-Valentin-Straße 51a, Tel. 0473 235730, www.touriseum.it; Bus 1A oder 4 ab Meran-Stadt
🕒 1. April – 15. November 9–18 Uhr, 15. Mai – 15. September bis 21 Uhr, kein Ruhetag

B Stadtmuseum Meran ⊕

Das Meraner Stadtmuseum zieht in einigen Jahren in ein dann umgebautes Palais am oberen Pfarrplatz. Bis dahin sind in provisorischen Schauräumen nur einige Ölbilder mit stadtgeschichtlichen Ansichten und sakrale Kunstwerke zu sehen. Außerdem werden zwei skurrile Stücke gezeigt: die Totenmaske von Napoleon, die auf langen Umwegen von St. Helena nach Meran kam, und eine mechanische Fastenkrippe aus der Zeit um 1860 mit einer beweglichen Darstellung des Leidensweges Jesu.

Rennweg 42, Tel. 0473 236015
🕒 Di–Sa 10–17 Uhr, Sonn- und Feiertage 10–13 Uhr

C Frauenmuseum Evelyn Ortner ⊕ ⊕

Ein Museum nicht nur für Frauen! Untergebracht in einem schönen Laubenhaus, zeigt es mit seiner einmaligen und sehr umfangreichen Sammlung von Alltagsgegenständen, Accessoires und Kleidern, wie sich das Schönheitsideal der Frauen, ihre Rolle in der Gesellschaft und ihr Selbstverständnis im 19. und 20. Jh. verändert haben.

Lauben 68, Tel. 0473 231216, www.museia.org

🕒 Januar–Oktober Mo–Fr 10–12, 14–17 Uhr, Sa 10–12.30 Uhr; November und Dezember Fr–So 10–18 Uhr; Januar geschlossen

D Jüdisches Museum Meran ⊕

1901 wurde in Meran die erste Synagoge Tirols geweiht. Eine Stiftung finanzierte damals mittellosen Juden aus ganz Europa einen Kuraufenthalt, mehrere Hotels und Sanatorien wurden von Juden geführt. Meran stand deshalb im Ruf, ein jüdischer Kurort zu sein.

Aus diesem Grund flohen nach 1933 viele deutsche Juden vor dem Hitler-Regime nach Meran, bis sie auch hier nicht mehr sicher waren. Das kleine Museum im Untergeschoss der Synagoge zeichnet anhand bedrückender Dokumente das Leben und die Vertreibung der Meraner Juden nach.

Schillerstraße 14, Tel. 0473 236127

🕒 Di und Mi 15–18 Uhr, Do und Fr 9–12 Uhr, Sa, So und an jüdischen Feiertagen geschlossen

E kunst Meran ⊕ ⊕

Die Meraner Intelligenzija hat sich in einem historischen Laubenhaus eine Projektionsfläche geschaffen, über die sie den Kontakt zur Außenwelt hält. Das dreistöckige, architektonisch interessante Gebäude ist im Besitz einer Bank (Südtiroler Sparkasse) und wurde 2001 als Galerie für Wechselausstellungen zu verschiedenen Sparten zeitgenössischer Kunst eingerichtet. Auswärtigen Künstlern steht ein hauseigenes Atelier zur Verfügung, der historische Sparkassensaal wird für Konzerte und Vorträge genutzt.

Lauben 163, Tel. 0473 212643, www.kunstmeranoarte.com

🕒 Di–So 10–18 Uhr, Juli und August 11–19 Uhr, Mo geschlossen

F Ost-West-Club

In einem von alternativen Künstlern betriebenen Lokal gibt es in unregelmäßigen Abständen kleine Ausstellungen, Diskussionsrunden und Auftritte meist unbekannter Musikgruppen. Das Programm wird kurzfristig ausgehängt.

Passeirer Gasse 29, Tel. 0473 235851

Auf Schloss Tirol

Brunnenburg und Dorf Tirol

G Landesmuseum Schloss Tirol ⊕ ⊕

Das 2003 eröffnete Museum für Kultur- und Landesgeschichte verbindet die Geschichte des Landes Tirol mit der von Schloss Tirol (S. 32). In elf Etappen werden auf unterschiedliche Art verschiedene Themen präsentiert – von der Frühgeschichte der Burg bis in die Gegenwart Südtirols. In der Krypta ist zu sehen, was bei verschiedenen Grabungen im Schloss zutage kam. Der große Kaisersaal führt in die Zeit des Mittelalters. Der mächtige Bergfried birgt Erinnerungen aus 20 ausgewählten Jahren des 20. Jh., die für Südtirol besonders wichtig waren.

Dorf Tirol, Tel. 0473 220221

Eine Woche vor Ostern bis Ende November Di–So 10–17 Uhr, Mo geschlossen

H Landwirtschaftsmuseum Brunnenburg ⊕

Auf einem Moränenhügel unterhalb von Schloss Tirol liegt die Brunnenburg. Ihr Aussehen mit vielen Erkern und Zinnen erhielt sie um 1900. Später diente sie dem amerikanischen Schriftsteller Ezra Pound als Wohnsitz. Heute beherbert sie ein kleines volkskundliches Museum mit bäuerlichen Geräten und Werkzeugen.

Dorf Tirol, Schlossweg 17, Tel. 0473 923533

März–Allerheiligen 10–17 Uhr, Di geschlossen

I ArcheoParc Schnals ⊕

Im ArcheoParc

Auf seiner Wanderung zum Hauslabjoch kam Ötzi vor 5 300 Jahren auch durch das Schnalstal. Was hat er dort vorgefunden? Auf einem Freigelände wurden steinzeitliche Gärten und Gebäude rekonstruiert, in einem Pavillon sind archäologische Funde zu sehen. Die lebendig gestaltete Anlage gibt einen guten Einblick in das alpine Leben zu Ötzis Zeiten. Die Ausstellung ist auch für Kinder lohnend.

Unser Frau in Schnals, Tel. 0473 676263, www.archeoparc.schnals.org
April–Allerheiligen Di–So 10–18 Uhr, Mitte Juli–Ende August täglich 10–18 Uhr

J Schreibmaschinenmuseum Partschins ⊕ ⊕

Peter Mitterhofer, ein kauziger Tischler, entwickelte um 1865 in Partschins vier hölzerne Schreibmaschinen. Der kaiserliche Hof in Wien wusste damit nichts anzufangen und versagte die Unterstützung. Mitterhofer zog sich verbittert in seine Tischlerei zurück, während ein amerikanisches Unternehmen mit Schreibmaschinen das große Geld machte. Das 1998 eröffnete Museum beginnt mit dieser unglücklichen Geschichte und führt dann in eine weltweit einmalige Sammlung von über 1 200 Schreibmaschinen; darunter die dänische Schreibkugel „Malling Hansen", die angeblich wertvollste Schreibmaschine aller Zeiten, sowie die amerikanische „Crandall", die als die schönste gilt.

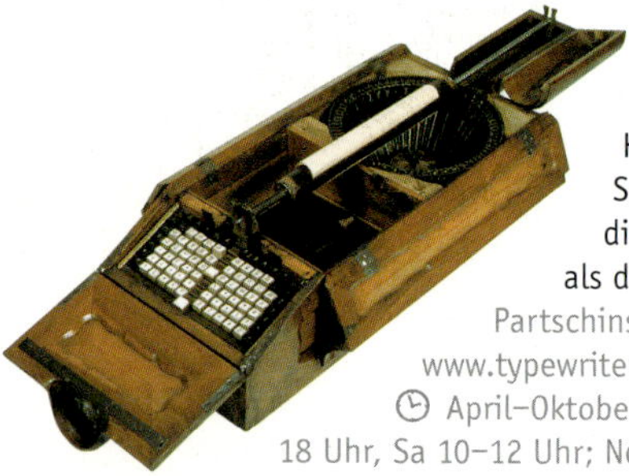

Partschins, Kirchplatz 10, Tel. 0473 967581, www.typewritermuseum.com
April–Oktober Mo 15–18 Uhr, Di–Do 10–12, 15–18 Uhr, Sa 10–12 Uhr; November–März Di 10–12 Uhr

K MuseumPasseier – Andreas Hofer ⊕⊕

Museum Passeier

War Andreas Hofer tatsächlich ein Held und genialer Freiheitskämpfer oder ein überforderter Partisan mit Bauch und Hang zum Alkohol? Erfrischend unbefangen geht das neue MuseumPasseier mit der Figur des Sandwirts um und beleuchtet sie in einem lustigen Zeichentrickfilm von verschiedenen Seiten. Das Museum beherbert auch die umfangreichste Sammlung von Dokumenten, von Hofers persönlichen Gegenständen und Hofer-Kitsch. In der umgebauten Scheune des Sandwirts wird das alte Passeier und das harte Leben seiner Bewohner ohne nostalgische Verklärung dargestellt. Im Außenbereich ist ein für das Tal typischer Haufenhof mit Lodenwalke, Backofen, Speicherkasten, Scheune und Wohnhaus aufgebaut.

St. Leonhard, Passeirer Straße 72/Sandwirt, Tel. 0473 659086, www.museum.passeier.it, ⌚ Ostern–Allerheiligen Di–So und an Feiertagen 10–18 Uhr, August und September täglich 10–18 Uhr

Der Sandwirt

Nachdem Napoleon 1805 bei Austerlitz die Österreicher besiegt hatte, nahm er ihnen Tirol und gab es den verbündeten Bayern. Die neuen Herren versuchten als Erstes, den Einfluss der übermächtigen Kirche zu begrenzen – für die strenggläubigen Tiroler Bauern ein unerhörter Übergriff. „Für Gott, Kaiser und Vaterland" kam es zu Aufständen, die Tiroler Landwehr machte den Passeirer Wirt und Pferdehändler Andreas Hofer zu ihrem Anführer. Im Frühjahr und im Sommer 1809 jagte sein Bauernheer die hochgerüsteten Bayern und Franzosen aus dem Land. Bildungsbürger in ganz Europa erkannten in Hofer die Kraft des einfachen Volkes, das sich gegen die Ränkespiele der Regenten auflehnte. Von Österreich nur halbherzig unterstützt, verloren die Tiroler Ende 1809 die entscheidende Schlacht bei Innsbruck. Hofer versteckte sich auf der Pfandleralm im Passeiertal, wurde aber verraten und am 20. Februar 1810 in Mantua auf Befehl Napoleons erschossen. An seinem Todestag versammeln sich noch immer Tausende Tiroler Schützen in Meran und beim Sandwirt.

L Obstbaumuseum Lana ⊕

Von hundert Äpfeln, die in der EU wachsen, kommen zehn aus Südtirol und einer aus Lana. Von dieser Gemeinde ging vor ca. 150 Jahren der Südtiroler Obstbau aus. Grund genug, seine Geschichte in einem Museum darzustellen. Es befindet sich in einem mittelalterlichen Ansitz neben der Pfarrkirche in Niederlana (S. 38) und zeigt anhand vieler historischer Geräte, wie aus dem Streuobst-Anbau früherer Zeiten allmählich die heutige industrieähnliche Produktion wurde.

Niederlana, Brandis-Waalweg 4, Tel. 0473 564387, www.obstbaumuseum.it

April–Allerheiligen Di–Sa 10–12, 14–17 Uhr, Sonn- und Feiertage 14–18 Uhr, Mo geschlossen

Im Obstbaumuseum

Sissis Wanderstiefel im Ultner Talmuseum

M **Ultner Talmuseum** ⊕

Ein typischer Bauernhof des Ultentals, gefüllt mit Möbeln, bäuerlichen Geräten und Handwerkzeug. Die Ausstellung gibt einen Einblick in das Leben, das die Landbevölkerung im Tal früher geführt hat.

St. Nikolaus, Tel. 0473 790147

Mai–September Di und Fr 11–12, 15–17 Uhr; So 10–12, 15–17 Uhr; März, April und Oktober nur sonntags geöffnet

THEATER & KINO

Theater in der Altstadt

Das kleine Kellertheater im Untergeschoss des Meraner Kurhauses ist gewissermaßen ein Ein-Mann-Unternehmen. Rudi Ladurner ist Gründer, Regisseur, künstlerischer Leiter, Geschäftsführer, Beleuchter und Kartenverkäufer in einem. Von seiner Begeisterung lebt das Theater. Gespielt werden moderne Südtiroler Eigenproduktionen.

Freiheitsstraße 27, Tel. 0473 211623, www.theater-in-der-altstadt.it

Rudi Ladurner bei der Kostümprobe

Stadttheater Meran

In loser Folge sind deutsche und italienische Tourneetheater zu Gast. Der guten Akustik wegen wird es auch für kleinere Konzerte genutzt.
Theaterplatz 2, Tel. 0473 233422

Kinos

In den Siebzigerjahren gab es im Burggrafenamt noch ein halbes Dutzend Kinos. Davon ist nur das deutschsprachige **Apollo** (Matteottistraße 22, Tel. 0473 237526) übrig geblieben. Es zeigt Mainstream-Filme. Das einzige italienische Kino wurde 2005 geschlossen.
Als Programmkino gibt es nur den Meraner Ableger des **Filmclubs** Bozen (Bürgersaal, Otto-Huber-Straße 2, 🕒 Oktober–Mai Di 20.30 Uhr). Er zeigt meist selten gespielte, anspruchsvolle Filme – einige davon auch in Englisch, Französisch oder Spanisch mit deutschen oder italienischen Untertiteln. Programm siehe unter www.filmclub.it (Programm>andere Orte>Meran).
Im Auditorium des Schulzentrums in der Karl-Wolf-Straße werden vom **Cineclub** (Tel. 0473 446606) während des Schuljahres gelegentlich italienische Filme gezeigt (meist freitags und samstags). Das Programm steht im Meraner Veranstaltungskalender „MeMo".

ESSEN & TRINKEN

Einige Wirte servieren sie noch – die üppigen Portionen und deftigen Fleischplatten der Südtiroler Bauernküche. Aber insgesamt hat sich die Südtiroler Küche in letzter Zeit stark verändert: Raffinierter, bekömmlicher und kreativer ist sie geworden. Man hat die italienische Leichtigkeit übernommen und bringt selbst traditionelle Tiroler Gerichte wie Knödel, Bauerngeröstel (Pfannengericht mit geschnetzeltem Rindfleisch und Kartoffeln) oder Schöpsernes (Hammelfleisch) stark verfeinert auf den Tisch. Im Zusammenspiel der mediterranen Vorspeisen und der altösterreichischen Haupt- und Mehlspeisen ist eine abwechslungsreiche Küche entstanden, die keinen Vergleich scheuen muss. Vielfältig auch das Weinangebot. Beschränkte es sich früher auf den leichten Vernatsch, so bieten die Kellermeister heute eine breite Palette von Rot- und Weißweinen an, die sich selbst gegen die starke italienische Konkurrenz behaupten.

Sissi

Immer noch eine Institution. In diesem kleinen und sehr feinen Lokal wurde vor 20 Jahren Andreas Hellrigl berühmt und schaffte von hier aus den Sprung nach New York. Der neue Küchenchef Andrea Fenoglio kann mit seinen italienischen Kreationen das hohe Niveau spielend halten.
Galileistraße 44, Tel. 0473 231062, Mo Ruhetag, €€€

Kunstvolles Wirtshausschild

Lalessandra

Typisches italienisches Lokal mit wenigen Tischen, einfacher Einrichtung und viel Atmosphäre. Die beiden Wirte bemühen sich rührend um ihre Gäste. Exzellente Nudel- und Fischgerichte, große Auswahl an Weinen und Desserts.
Kasernenstraße 7, Tel. 0473 236278, So Ruhetag, €€

Kallmünz

Ein junges Restaurant im Parterre des alten Ansitzes Kallmünz. Die italienische Küche bietet feine mediterrane Spezialitäten, die Preise passen zu den schicken Stilmöbeln.
Sandplatz 12, Tel. 0473 212917, Mo Ruhetag,

La Veneta

Einfache Trattoria mit italienischen Gerichten wie von Mamma gekocht. Die Auswahl ist nicht riesig, aber es gibt einen gemütlichen Gastgarten für warme Sommerabende.
Klosterstraße 2, Tel. 0473 220257, So Ruhetag,

Haisrainer

Traditionsreiches Meraner Gasthaus mit gotischer Stube in einem Laubengewölbe. Neben einfachen Nudel- und Allerweltsgerichten gibt es eine bescheidene Auswahl Tiroler Spezialitäten.
Lauben 100, Tel. 0473 237944, So Ruhetag,

Santer Klause

Eine der ältesten Meraner Gaststätten und immer noch gut. In der Stube, in der der Kachelofen keine Attrappe ist, werden hauptsächlich Tiroler Gerichte serviert. Schöner Garten unter einer Weinlaube.
Passeirer Gasse 36, Tel. 0473 234086, Do Ruhetag,

Oberraindlhof, Schnals

Wer schmackhafte Südtiroler Kost in einem gemütlichen Ambiete sucht, ist hier richtig. Der Oberraindlhof ist auch unter Einheimischen ein Geheimtipp.
Unser Frau in Schnals, Tel. 0473 679131, Mi Ruhetag,

Hanswirt, Rabland

Ein altes Postgasthaus mit gemütlichen Stuben an der Straße in den Vinschgau. Die ausgezeichnete Küche serviert regionale und internationale Spezialitäten.
Rabland, Tel. 0473 967148, www.hanswirt.com, Mi Ruhetag,

Onkel Taa, Partschins

Mit Sicherheit das skurrilste Restaurant Südtirols! Ein wahres Hexenhaus, von Pflanzen überwuchert und innen und außen mit unbeschreiblich vielen alten Geräten behängt. Hinterm Haus züchtet der Wirt – auch er ein Unikum – Weinbergschnecken und serviert sie in rund 20 Variationen. Weder die Gerichte noch das Ambiente sind jedermanns Geschmack. Ein Besuch bei Onkel Taa ist aber kaum mit dem „normaler" Restaurants zu vergleichen.
Partschins/Töll, Bahnhofstr. 17, Tel. 0473 967342, Mo Ruhetag,

Thurnerhof, Schenna

Einer der ältesten Höfe im Dorf, 1996 bei einer tief greifenden Renovierung mit rustikalem Flair ausgestattet. Der Eigentümer, der geschäftstüchtige Graf Franz von Meran (ihm gehört auch das Schloss Schenna), lässt in kleinen Stuben und in einer Selchkammer Tiroler Spezialitäten auftischen. Auch Törggelelokal.
Schenna, Verdinser Straße 26, Tel. 0473 945702,
www.schloss-schenna.com, Mo Ruhetag,

Leiter am Waal, Algund

Auch bei Einheimischen beliebte Einkehrstation am viel begangenen Algunder Waalweg. Tiroler Spezialitäten, im Frühjahr Spargelgerichte.
Algund, Mitterplars, Tel. 0473 448716, Mo und Di Ruhetag,

Am Algunder Waalweg

Gstör, Algund

Dieses bürgerliche Gasthaus im Dorfzentrum sollte man nur mit einem Bärenhunger ansteuern. Die Portionen sind riesig, die deftigen Fleischplatten wahrscheinlich die größten der Umgebung. Zum Restaurant gehören auch ein Hotel, eine Pizzeria, eine Metzgerei und ein Gartencafé.

Algund, Alte Landstraße 40, Tel. 0473 448555, www.gstoer.com, Do Ruhetag, €

Oberlechner, Vellau

Der kleine Weiler Vellau liegt am Berghang oberhalb von Algund. Das Gasthaus Oberlechner neben der kleinen Kirche bietet eine für diese abgeschiedene Lage erstaunlich hochwertige Küche mit Tiroler und italienischen Spezialitäten.

Vellau, Tel. 0473 448350, Mi Ruhetag, € €

Alpenrose, St. Leonhard

Gutbürgerliche Küche. Bekannt ist der einfache Gasthof vor allem wegen seiner günstigen Preise. Er liegt in dem kleinen Weiler Gomion an der Straße zwischen St. Leonhard und Moos in Passeier.

St. Leonhard, Tel. 0473 656141, Montagabend Ruhetag, €

Elisabeth, Tscherms

Nach längerer Pause unter einer neuen Führung wieder geöffnet. Sehr gute internationale Küche in einem behaglichen Ambiente. Reichhaltige Weinkarte.

Tscherms, Gampenstraße 43, Tel. 0473 560778, Do Ruhetag, € € €

Kirchsteiger, Völlan

Der Juniorchef gehört zum hoch gelobten Nachwuchs unter Südtirols Köchen. Seinen Ruf verdient er sich mit Tiroler und internationalen Gerichten. Das ausgezeichnete Lokal gegenüber der Kirche von Völlan ist auch bei Einheimischen für Familienfeiern sehr beliebt.

Völlan, Tel. 0473 568044, Do Ruhetag,

Zum Löwen, Tisens

Das ehemalige Dorfgasthaus hat sich zu einem der besten Restaurants Südtirols entwickelt. Die kreative Köchin kocht Tiroler und internationale Spezialitäten auf hohem Niveau.

Tisens, Hauptstraße 72, Tel. 0473 920927, Sonntagabend und Mo Ruhetag,

Hidalgo, Burgstall

Für sein gutes argentinisches Rindfleisch und seine mediterrane Küche bekanntes Restaurant an der Bozner Straße bei Burgstall. Für viele Einheimische ist es das Lokal für besondere Anlässe. Hier treffen sich auch Geschäftsleute zum gepflegten Dinner. Reichhaltige Weinkarte.

Burgstall, Romstraße 7, Tel. 0473 292292, So und Montagmittag Ruhetag,

AUSFLUGSGASTHÄUSER

Braugarten Forst, Algund

Biergarten in der Brauerei Forst. Unter den großen schattigen Bäumen schmeckt das Frischgezapfte im Sommer besonders gut, dazu gibt es Grillspezialitäten und am Donnerstagabend Livemusik. An kühleren Tagen empfiehlt sich nebenan die Bierstube. Die Besichtigung der Brauerei Forst, eine der größten Italiens, ist nach vorheriger Anmeldung möglich.

Algund/Forst, an der Straße ins Vinschgau, Tel. 0473 260111, kein Ruhetag

Schnalshuber, Algund

Naserhof

Uriges Bauern- und Törggelelokal neben der Kirche von Oberplars. Von außen besehen ist dieser Biohof zwar keine Perle, hat aber schöne gemütliche Stuben und eine herzhafte Tiroler Küche.

Algund, Oberplars 2, Tel. 0473 447324, Mo–Mi Ruhetag

Kienegger, Vellau

Urwüchsiges Berggasthaus am steilen Berghang hoch über Vellau, das Herzhaftes aus der Tiroler Küche bietet.

Vellau, Tel. 0473 448538, Mo Ruhetag

Naserhof, St. Martin

Für die weite Anfahrt (schmale Asphaltstraße bis Magdfeld am Meraner Höhenweg, dann Schotterstraße oder Fußweg) entschädigt das urige Ausflugslokal mit ausnehmend gutem Schöpsernen (Hammelfleisch).

St. Martin, Tel. 0473 641548, kein Ruhetag

Waidmannalm, Meran 2000

Das Ausflugslokal liegt knapp eine Stunde von der Bergstation der Seilbahn entfernt. Es ist bei schönem Wetter meist voll. Aber gute Küche und reichliche Portionen.

Meran 2000, Tel. 0473 279461, kein Ruhetag

Leadneralm, Vöran

Ein sehr beliebtes Ausflugslokal, ca. eine Stunde von Hafling und Vöran entfernt. Wegen der guten Lage oft überlaufen. Dennoch freundliche Bedienung. Ein Genuss sind die Kuchen.

Vöran, Tel. 0473 278136, Mo Ruhetag

FÜR DEN KLEINEN HUNGER UND DURST ZWISCHENDURCH

Café König

Als ein Urlaub in Meran ohne das tägliche Stück Torte noch undenkbar war, pilgerten alle zum „König" in die Freiheitsstraße. Auch wenn die Auswahl seitdem bescheidener wurde, ist das Kaffeehaus mit Konditorei für Kuchen-Freunde immer noch eine gute Adresse. Eine Spezialität sind die hausgemachten Pralinen.
Freiheitsstraße 168, Tel. 0473 237162, So Ruhetag

Café Saxifraga

Das mit vielen Verzierungen geschmückte und mit Rosenhecken bewachsene Haus direkt am Tappeinerweg ist eines der beliebtesten Fotomotive in Meran. Auf mehreren Terrassen und in gemütlichen Stuben werden neben leichten Gerichten Kuchen aus der eigenen Konditorei angeboten. Es gibt nicht weniger als 35 Teesorten; im Hochsommer abends Grillspezialitäten.
Tappeinerweg, Tel. 0473 239249, März–November, Fr Ruhetag; Dezember–Februar nur am Wochenende geöffnet

Café TipTop

Baguettes und sonstige Brötchen aller Art. Ein beliebtes Lokal für Jugendliche, große Terrasse.
Freiheitsstraße 180/e, Tel. 0473 233309, So Ruhetag

Café Saxifraga

Eisdielen

Selbst die eisverwöhnten Italiener schwärmen vom ausgezeichneten Eis im Burggrafenamt. Dutzende Betriebe stellen es aus zum größten Teil natürlichen Rohstoffen selbst her. Seit 30 Jahren eine Institution ist die **Sabine** in Dorf Tirol (Hauptstraße 26, Tel. 0473 923239, Mi Ruhetag): reiche Auswahl an Eis- und Früchtebechern in großen Portionen. Unter den vielen guten Eisdielen in Meran ist das **Oasi** die originellste: kaum Sitzgelegenheiten, aber eine große Auswahl, riesige Portionen und viel italienisches Flair (Carduccistraße 4, Tel. 0473 232244, Mo Ruhetag). Außerordentlich gutes Eis und eine angenehme Atmosphäre gibt es auch bei **Sader** in Lana (Andreas-Hofer-Straße 9, Tel. 0473 562199, So Ruhetag).

Für Nachtschwärmer!

Wer nachts noch unterwegs ist und dabei eine Hungerattacke erleidet, findet am Bahnhof von Untermais, direkt neben dem Pferderennplatz, Abhilfe. An der dortigen „Würstelbude“ gibt es bis 5 Uhr früh Pommes, Hotdogs und Würstchen aller Art.

Café Andrea, Algund

Eine beeindruckende Auswahl an frischen Kuchen aus der eigenen Konditorei sowie gutes Eis.

Algund, Thalguterstraße 20, Tel. 0473 449844, Di Ruhetag

Panorama, Dorf Tirol

Neben der Landesfürstlichen Burg in Meran (S. 16) startet der Sessellift auf den Küchelberg. Wer gemächlich nach oben geschwebt ist, findet in der Bergstation ein Café und ein Restaurant mit leichten Gerichten und einer herrlichen Aussicht auf Meran.

Dorf Tirol, Segenbühelweg 22, Tel. 0473 923105, Mi Ruhetag

WOHIN AM ABEND?

Ein überschäumendes Nachtleben sucht man in Meran vergeblich. Die Stadt ist wie eine zurückhaltende Dame, die sich vornehm ein Zuviel an Lebensfreude verkneift – auch wenn sie sich neuerdings unternehmungslustiger gibt. Im Zentrum haben wieder mehr Lokale auch noch nach 19 Uhr geöffnet und unter den Lauben bleiben etliche Tische draußen. An warmen Abenden trifft man sich dort auf ein Bier oder ein Glas Wein. An der Passerpromenade verführen Straßencafés und sporadische Konzerte zum Verweilen. Diskos dagegen findet man nur in der Umgebung.

Rossini

Erst neu eröffnet, hat sich diese Bar im Parterre des Kurhauses in kurzer Zeit zum beliebtesten Treffpunkt der 20- bis 30-Jährigen gemausert. Dem Namen zum Trotz kommen die Gäste überwiegend aus dem deutschsprachigen Meran. Die Italiener treffen sich eher nebenan im Piccolo – was einiges über das viel beschworene Zusammenleben der Sprachgruppen aussagt. Tagsüber ist das Rossini ein Café mit angenehmer Atmosphäre, am Abend eine meist sehr gut besuchte Cocktailbar mit einer reichen Auswahl an italienischen Weinen, die es auch glasweise gibt.

Freiheitsstraße 19, Tel. 0473 230927, 🕒 Mo–So 10–1 Uhr, So 18–1 Uhr, kein Ruhetag

Giardino

Kaum lassen es die Außentemperaturen zu, sitzt man unter dichten Magnolienbäumen. Im Hochsommer wird jeden Dienstagabend auf der Dachterrasse Tango getanzt.
Kurpromenade 2, Tel. 0473 270121, ⏲ bis 1 Uhr, Sonntag- und Montagabend Ruhetag

Piccolo

Sehr kleine Cocktailbar im Untergeschoss des Kurhauses. Weil drinnen kaum Platz ist, wird an warmen Abenden die Freiheitsstraße zum „Piccolo"-Terrain. Meist nur Stehplätze.
Freiheitsstraße 5, Tel. 0473 236765, ⏲ bis 1 Uhr, So Ruhetag

Café Darling

Tagsüber ein viel besuchtes, sonniges Straßencafé mit einem großen Angebot an Tageszeitungen und Magazinen, abends ein beliebter Treffpunkt der jung gebliebenen Meraner. Das „Darling" hat die längste Getränkekarte der Stadt. Durch die Nähe zur Passer auch an schwülen Abenden angenehm kühl.
Winterpromenade 9, Tel. 0473 237221, ⏲ Do–Di bis 1 Uhr, Mi Ruhetag

Café Kunsthaus

Zur Galerie „kunst Meran" gehört eine Bar mit angenehmem Ambiente und großer Auswahl an Zeitungen und Zeitschriften. Im Winterhalbjahr, immer dienstags, treffen sich hier die Tango-Tänzer (im Sommer im „Giardino").
Sparkassenstraße 18, Tel. 0473 235071, ⏲ Di–So 9–23 Uhr, Mo Ruhetag

Café Darling

Bistro La Terrazza

Zum Hotel Aurora gehörende überdachte Terrasse an der Passerpromenade. Die Eigentümer bemühen sich rührend um ein anspruchsvolles Abendprogramm. Es gibt des Öfteren Live-Musik mit Klassik, Jazz und Blues und bis spätabends kleine Häppchen. Die gediegene bis steife Atmosphäre zieht eher ein älteres Publikum an.

Passerpromenade 38, Tel. 0473 211800, 🕒 Mo–So bis 24 Uhr, bei Bedarf auch länger

Bistro 7

Cocktailbar und Café in einem Laubengewölbe, meist junges Publikum. Kleine Speisekarte bis spätabends. An warmen Abenden sitzt man an Gartentischen in der Laubengasse.

Meran, Lauben 232, Tel. 0473 210636, 🕒 Mo–So 7.30–1 Uhr, im Winter Di Ruhetag

Relax

Vinothek mit einer großen Auswahl an Südtiroler und italienischen Weinen, die auch glasweise zu haben sind. Eines der wenigen Lokale, das dem allgemeinen Rauchverbot entkommen ist und einen eigenen, stilvollen Raum für Raucher bietet.

Cavourstraße 35 (gegenüber dem Hotel „Palace"), Tel 0473 236735, 🕒 Mo–Sa bis 1 Uhr, So Ruhetag

Pub one

Wegen der langen Öffnungszeiten ein beliebter Treffpunkt für Nachtschwärmer. Auch zu später Stunde bekommt man noch kleine Häppchen. Meist junges Publikum.

Romstraße 96, Tel. 0473 210505, 🕒 Mo–So 20–2 Uhr

Aera-Rafflkeller

Die letzte Zuflucht zu später Stunde. In dem Kellergewölbe gegenüber der Meraner Pfarrkirche treffen sich vor allem Leute um die Zwanzig. In einem der beiden Räume des Lokals ist die Musik so laut, dass man sich bei Kerzenlicht gerade noch unterhalten kann. Am meisten Betrieb ist nach 1 Uhr, wenn fast alle anderen Lokale in der Stadt schließen.

Pfarrplatz 32, Tel. 0473 232825, 🕒 Fr und Sa 21–3 Uhr, in den Wintermonaten auch Do

Nightclub Perla

Seit Jahrzehnten eine Institution des Meraner Nachtlebens. Die Einheimischen nennen das Lokal wegen der nach unten führenden Treppe etwas verblümt „Stiegenwirt". Tänzerinnen bieten die üblichen Showeinlagen; einsame Männer finden auch einiges mehr.
Cavourstraße 43, Tel. 0473 231211, ⌚ Mo–So 22.30–3.30 Uhr

Trautmannsdorf

In dem Restaurant unmittelbar neben den (fast) gleichnamigen Gärten von Schloss Trauttmansdorff trifft sich lokale Schickeria zum Gute-Nacht-Trunk. Spezielle Atmosphäre, reichhaltige Weinkarte, aber recht teuer.
Valentinstraße 17, Tel. 0473 232818, ⌚ bis 1 Uhr, Di Ruhetag

Pub Treff, Dorf Tirol

Gute Weine und Musik, bei der man sich auch noch unterhalten kann. Deshalb ein beliebter Treffpunkt aller Altersgruppen.
Dorf Tirol, Hauptstraße 30, Tel. 0473 923298, ⌚ Di–So 19–1.30 Uhr, Mo Ruhetag

Nörders Musikantenstadel, Marling

Der Name ist Programm. Schwof- und Weinlokal (im Herbst auch Törggelelokal) für Tanzfreudige mittleren Alters. Musikangebot von Walzer bis Cha-Cha-Cha, am Wochenende wird auch etwas für die Jugend gespielt. Mittwochs meist volkstümliche Musik mit Live-Band.
Marling, Nörderstraße 15 (Richtung Algund), Tel. 0473 200153, www.marling.de/musikantenstadel, ⌚ Di–So ab 20.30 Uhr, Mo Ruhetag

Dancing Exclusiv, Lana

Disko fürs Jungvolk. Im angrenzenden Sommergarten läuft teilweise andere Musik als in der Diskothek, dort kann man sich in normaler Lautstärke unterhalten. Lana, am Ortsausgang in Richtung Meran, Tel. 0473 561711, ⌚ Mo Ruhetag

Après, Gargazon

Diese Disko liegt an der alten Staatsstraße Meran–Bozen südlich von Gargazon und teilt sich das Publikum mit dem „Exclusiv" in Lana: Mal hat die eine, mal die andere Disko mehr Zulauf.
Gargazon, Tel. 0473 292304, ⌚ Mo und Di Ruhetag

ÜBERNACHTEN IN UND UM MERAN

Einschlafen mit dem Duft von Heu und Kuhstall? Vielleicht doch lieber im Luxushotel? Oder wie wär's mit stimmungsvollen Nächten in einem alten Schloss? Meran und seine Umgebung bieten eine große Vielfalt an Unterkünften, von der rustikalen Einfachheit des „Urlaubs auf dem Bauernhof" bis zum Luxus eines Fünf-Sterne-Hotels. Unmöglich, aus dem Angebot von über 2000 Betrieben alle empfehlenswerten aufzuzählen. Deshalb beschränkt sich die hier getroffene Auswahl auf einige wenige Häuser mit interessanter Geschichte.

Grand Hotel Palace*****

Um 1900 erbaut, ist es noch immer das Symbol des alten Meran. Die neoklassizistische Fassade und die große Halle verbreitet einen Hauch von Belle Époque. Das im Hotel untergebrachte Entschlackungszentrum zählte in den vergangenen Jahren VIPs wie Caroline von Monaco und Placido Domingo zu seinen Gästen.

Cavourstraße 2, Tel. 0473 271000, www.palace.it

Hotel Palace

Castel, Dorf Tirol *****

Der frühere Besitzer hielt sich das Hotel als Steckenpferd und stattete es ohne Rücksicht auf die Kosten mit allem erdenklichen Komfort aus. In der Küche steht ein Drei-Hauben-Koch, weshalb das Restaurant zur absoluten Spitze gehört (💰💰💰). Ein namhaftes Magazin zählte das Haus zu den 25 renommiertesten Hotels der Welt. Während seines Urlaubs verliebte sich ein erfolgreicher Unternehmer aus Deutschland in den Luxustempel, er kaufte ihn vor einigen Jahren und schenkte ihn seiner Frau zum 50. Geburtstag, die das Hotel seitdem selbst führt.

Dorf Tirol, Kastanienweg 60, Tel. 0473 923693, www.hotel-castel.com

Hotel Adria ****

Der älteste noch erhaltene Hotel der Stadt. Als es 1878 eröffnet wurde, avancierte Meran gerade zum „Südbalkon der k. und k. Monarchie". Nicht von ungefähr hieß das Hotel damals „Austria". Nach der Annexion Südtirols durch Italien war der Name nicht mehr genehm: Also wurde es in „Adria" umgetauft. Etwas vom Flair der k.-u.-k.-Zeit ist dem Hotel bis heute geblieben.

Gilmstraße 2, Tel. 0473 236610, www.hotel-adria.com

Hotel Irma ****

Das „Irma" wurde 1924 eröffnet – in einer schwierigen Übergangszeit, als der elitäre Tourismus der Belle Époque vorüber war und der Massentourismus noch in weiter Ferne lag. Dennoch hat sich der Familienbetrieb prächtig entwickelt. Das ganzjährig geöffnete Hotel zählt heute wegen seiner aufwändigen Sauna und Schwimmbäder – eines davon mit Meerwasser – zu den besten Häusern im Land.

Schönblickstraße 17, Tel. 0473 212000, www.hotel-irma.it

Steigenberger ****

Das 2006 eröffnete Thermenhotel mitten in der Stadt wurde von der Therme Meran AG gebaut, die zu fast 100 % im Besitz des Landes Südtirol ist. Es ist mithin öffentliches Eigentum, was unter den Meraner Hoteliers einigen Unmut ausgelöst hat. Geführt wird das von dem aus Südtirol stammenden Mailänder Stararchitekten Matteo Thun außerordentlich schön gestaltete Hotel von der Steigenberger-Gruppe.

Thermenplatz 1, Tel. 0473 259000, www.meran.steigenberger.it

Fragsburg * * * *

Die Burg samt angrenzendem Hotel gehörte vor 1914 einem Großgrundbesitzer aus Deutschland. Das war ihr Verhängnis. Denn die italienische Regierung enteignete nach 1920 fast alle deutschen Immobilienbesitzer; erst nach 1960 kamen Schloss und Hotel wieder in private Hände. Heute profitiert das auf einem Hügel stehende Schlosshotel im Südosten von Meran vor allem von seiner Abgeschiedenheit und der traumhaften Aussicht.
Fragsburger Straße 3, Tel. 0473 244071, www.fragsburg.com

Schloss Labers * * * *

„Prachtvoll gelegen, allerdings mehr Einöd' als ich dachte", schrieb Stefan Zweig 1910 über sein Quartier. Von dem mit Weinreben bewachsenen Hügel im Osten Merans brauchte man früher zu Fuß 45 Minuten bis ins Stadtzentrum – „man kann also höchstens einmal im Tage hin nach Meran, nach 8 Uhr abends ist man eingesperrt wie auf einer Raubritterburg". Wegen seiner abgeschiedenen Lage war Schloss Labers zwischen 1943 und 1945 Sitz einer deutschen Spionageabteilung, die gefälschte Pfundnoten herstellte. Heute ist es ein stilvolles Schlosshotel mit gutem Restaurant (💰💰).
Labersstraße 25, Tel. 0473 234484, www.schlosslabers.it

Hohenwart, Schenna * * * *

Ein gutes Beispiel für die Südtiroler Tourismusgeschichte. 1956 entstand das „Hohenwart" als kleine Frühstückspension mit neun Zimmern. Dank des rasch wachsenden Tourismus wurde das Haus immer wieder erweitert; heute ist es mit mehreren Dependancen beinahe ein kleines Dorf im Ferienort Schenna. Die Atmosphäre ist freundlich-professionell. Gepflegtes Restaurant (💰💰) und Tagescafé.
Schenna, Verdinser Straße 5, Tel. 0473 944400, www.hohenwart.com

Quellenhof, St. Martin * * * *

Innerhalb von 30 Jahren ist aus dem „Quellenhof", einem einfachen Gasthaus an der Passeirer Straße, ein ganzes Feriendorf mit mehreren Appartementblöcken, luxuriösen Suiten, Reitstall und Golfübungsplatz geworden. 2002 sorgte der Familienbetrieb für Aufsehen, als er auf eigene Kosten die Passeirer Straße in einen Tunnel verlegte, um der Hotelanlage eine ruhigere Umgebung zu bescheren.
St. Martin, Passeirer Straße 47, Tel. 0473 645474, www.quellenhof.it

Haselried, Dorf Tirol ★★★

Eine der ersten Pensionen im Dorf, entstanden zu Beginn des Tourismusbooms der 1960er Jahre. Trotz dieses frühen Starts ist der Ausbau zur wuchtigen Bettenburg unterblieben. Das 20-Betten-Haus abseits vom Trubel des Dorfzentrums wurde zwar mehrmals modernisiert, vom gründerzeitlichen Ambiente blieb aber einiges erhalten.
Dorf Tirol, Seminarstraße 28, Tel. 0473 923374, www.haselried.com

Schloss Wehrburg, Prissian ★★★

Mittelalterliche Burg auf einem Felsvorsprung hoch über dem Etschtal. Um 1300 an der Grenze zwischen den Grafschaften Tirol und Eppan erbaut, sah die Wehrburg viele Besitzer kommen und gehen. Ein Großteil der ursprünglichen Einrichtung ging zwar in den Wirrnissen der Geschichte verloren, aber nicht das Flair. Seit den 1960er Jahren beherbergt das Schloss einen Hotelbetrieb mit Zimmern im Palas und in den beiden Wehrtürmen. Spektakuläre Aussicht sowohl nach Bozen als auch auf die 3000er im Hintergrund von Meran.
Tisens/Prissian, Tel. 0473 920934, www.wehrburg.com

Sittnerhof ★★

Der kleine Bauernhof neben dem gleichnamigen Vier-Sterne-Hotel hat die allgemeine Bauwut nahezu unbeschadet überstanden. Das historische Haus am Stadtrand von Meran, direkt am Fuß des Küchelberges, kann zwar keine großartige Aussicht bieten, liegt aber ruhig und hat Flair. Beim Urlaub auf dem Bauernhof kann sich, wer will, auf dem Hof nützlich machen. Für Familien mit Kindern gut geeignet.
Verdistraße 60, Tel. 0473 221631, www.bauernhofurlaub.it

Jugendherberge

Sie steht wenige Gehminuten vom Bahnhof entfernt und wird von einer Non-Profit-Organisation betrieben. Keine Altersbegrenzung. Auch Einzel- und Doppelzimmer.
Carduccistraße 77, Tel. 0473 201475, www.meran.jugendherberge.it

EINKAUFEN

Wein

Die am weitesten verbreitete Rebsorte ist der Vernatsch, bekannt auch als Meraner Kurtraube. Sie ergibt einen süffigen Roten, der zu fast allen Südtiroler Spezialitäten passt. Als Massenwein hatte er in der Vergangenheit um seinen Ruf zu kämpfen. Seit sich Qualität wieder bezahlt macht, haben private Kellereien und Genossenschaften den Vernatsch auf ein sehr ansprechendes Niveau gebracht. Mit dem DOC-Prädikat (= kontrollierte Ursprungsbezeichnung) versehen, wird er unter verschiedenen regionalen Namen angeboten, im Burggrafenamt z. B. als „Meraner". Seit einigen Jahren setzen viele Weinbauern auch auf andere Sorten. Das Klima und die spezielle Höhenlage ergeben bei den Weißen sehr blumige Sauvignons und Gewürztraminer. Bei den Roten ist neben den Allerweltssorten Blauburgunder und Cabernet der Lagrein stark im Kommen. Diese alte, nur in Südtirol bekannte Sorte ergibt einen schweren, aromatischen Wein.

Die meisten Weinbauern liefern ihre Maische an eine Genossenschaft: **Meraner Kellereigenossenschaft** (Meran) oder **Burggräfler Kellereigenossenschaft** (Marling) mit einer Zweigstelle in Meran (Galileistraße, Kellerei Algund). Hier kann man die Gewächse der Kellereigenossenschaften kaufen und auch verkosten.

Auf einigen Höfen wird selbst Wein produziert. **Ansitz Kränzel** (Tscherms): Graf Pfeil bietet interessante Weißweine der gehobenen Preisklasse. **Popphof** (Marling): Andreas Menz ist einer der aufstrebenden jungen Winzer des Burggrafenamtes mit ordentlichen Weinen.

Lauben

Stachelburg (Partschins): Baron Sigmund Kripp macht ansprechende Blau- und Weißburgunder. **Unterortl** (Naturns/Staben, Tel. 0473 667580): Der Hof gehört zu Reinhold Messners Schloss Juval und produziert einen guten Blauburgunder und einen der besten Rieslinge im Land. Unter den vielen Önotheken ist das **Meraner Weinhaus** (Romstraße 76, Tel. 0473 232253) eine gute Wahl. Man wird dort gut und ehrlich beraten und findet ein breites Sortiment an Weinen aus Südtirol, Italien und Übersee.

Weinlese

Weinverkostungen

Die Kellereigenossenschaften und einige private Winzer veranstalten regelmäßig Führungen durch ihre Weinberge und Keller. Sie enden meist mit einer fröhlichen Verkostung (Unkostenbeitrag; Anmeldung erwünscht). Wer sich für die Kunst des Weinmachens interessiert, sollte sich diese Möglichkeit nicht entgehen lassen.

Meraner Kellereigenossenschaft, Meran, Markusstraße 11, Tel. 0473 235544, ⌚ Mitte März bis Allerheiligen, Fr 14.30 Uhr

Burggräfler Kellereigenossenschaft, Marling, Gampenstraße 64, Tel. 0473 447137, ⌚ April bis Allerheiligen, Do 10.30 und 16 Uhr

Ansitz Kränzel, Tscherms, Gampenstraße 1, Tel. 0473 564549, ⌚ Mi 10 Uhr oder nach Vereinbarung

Popphof, Marling, Mitterterzerstraße 5, Tel. 0473 447180, ⌚ nach Vereinbarung

Stachelburg, Partschins, Mitterhoferstraße 2, Tel. 0473 968014, ⌚ nach Vereinbarung

Keller der Burggräfler Kellerei

Matthias Ladurner vom Weingut Parthanes ist einer der wenigen Biobauern und berichtet bei seinen Führungen durch Obst- und Weingärten von seinen Erfahrungen.
Parthanes, Meran, Verdistraße 66, Tel. 0473 446260, ◷ Do 10 Uhr, Informationen bei der Kurverwaltung Meran, Tel. 0473 272000
In Dorf Tirol führen die Bauern im Auftrag des Tourismusvereins zweimal pro Monat durch Obst- und Weingärten. Tel. 0473 923314, ◷ März bis Ende August Do 14.30 Uhr

Schnäpse

Wo Wein wächst, wird auch Schnaps gebrannt. Am bekanntesten ist in Südtirol der klare Treber (italienisch: grappa). Er wird aus den Rückständen vergorener Trauben, den Trestern, destilliert und kann sehr stark werden. Aber auch viele andere Früchte und Beeren ergeben gute Schnäpse: Williams Christbirnen, Zwetschgen, Marillen (Aprikosen), Himbeeren, Anis. Eine Spezialität sind die so genannten angesetzten Schnäpse: Dafür werden dem Treber nach einem speziellen Rezept Schwarzbeeren (Heidelbeeren) oder grüne Walnüsse zugesetzt; nach einigen Monaten erhält man einen milden, fruchtig schmeckenden Likör. Der bekannteste ist der grünlich-braune „Nusseler". Eine große Auswahl an Schnäpsen findet man in Lebensmittel- und Weingeschäften. Interessanter ist der Einkauf aber in einer Brennerei, wo man bei einer Betriebsführung Einblicke in das Geheimnis der Destillation bekommt, z. B. bei **Unterthurner** (Marling, Pattisstraße 14, Tel. 0473 447186, www.unterthurner.it, Ostern–Allerheiligen Mi 10 Uhr; Anmeldung im Tourismusbüro Marling, Tel. 0473 447174).

Speck & Wurst

Der Speck ist die bekannteste Südtiroler Spezialität. Früher stellten ihn die Bauern noch selber her: Um das Fleisch der selbst geschlachteten Schweine haltbar zu machen, wurde es gepökelt (in Salz gelegt), anschließend mehrere Wochen lang geräuchert und monatelang luftgetrocknet. Seit der Konsum durch den Tourismus um ein Vielfaches zugenommen hat, beliefern Großbetriebe den Markt. Das Südtiroler Speckkonsortium, dem viele Hersteller angehören, garantiert unter dem Markenzeichen des grünen Hosenträgerstegs eine bestimmte Reifezeit und Qualität. Guter Speck ist mindestens sechs Monate gelagert, nicht zu stark gesalzen und sehr fest. Ist der Speck dagegen weich wie Gummi, so wurde er zu schnell getrocknet und zu kurz gelagert. Seriöse Metzger führen mehrere Qualitäten und beraten bei der Auswahl. Eine einheimische Spezialität sind auch Kaminwurzen: geräucherte Trockenwürste aus Schweine- oder Wildfleisch.

Brot

Besonders italienische Gäste sind immer wieder vom großen Brotangebot in Südtirol begeistert. Jeder Bäcker bäckt Dutzende Weiß- und Vollkornbrote nach eigenen Rezepten. Eine besondere Spezialität sind die „Vinschger Paarln" – Fladen aus würzigem Sauerteig, die die Bauern früher selbst buken. „Paarln" schmecken am besten zu Speck oder mit einem kräftigen Gorgonzola und sind lange haltbar. Hart geworden, bricht man sie in Stücke und isst sie zu reifem Parmesan und Rotwein: eine Delikatesse. Gleiches gilt für das Schüttelbrot. Die sehr dünnen Fladen werden knusprig-hart verkauft und sind ebenfalls etwas für die Vorratskammer.

Siebenförcher unter den Lauben

Bücher

Platzhirsch auf dem Südtiroler Buchmarkt ist **Athesia**. In dem Verlag erscheinen die größte Tageszeitung („Dolomiten") und die meisten Tirolensien. Entsprechend vielfältig ist in der gleichnamigen Buchhandlung (Lauben 186) das Angebot an Bildbänden, Wanderführern, Koch- und sonstigen Südtirol-Büchern.

Die größte Auswahl an deutschsprachiger Belletristik, aber auch englische und esoterische Literatur sowie CDs mit klassischer Musik gibt es in der Buchhandlung **Alte Mühle** (Sparkassenstraße 11).

Poetzelberger (Pfarrplatz 1) hat neben einem guten Sortiment an deutschsprachigen Büchern die beste italienische Buchabteilung Merans.

Der Buch- und Papierladen **Nicli** (Meinhardstraße 50) führt die gängigsten italienischen Bücher.

Tirolensien und antiquarische Bücher gibt es bei **Unterberger** (Lauben 229).

Ein gut sortiertes Angebot – vor allem deutschsprachiger Bücher – hat auch der **Buchladen Lana** (Lana, Andreas-Hofer-Straße 7, neben dem Tourismusbüro).

Schmuck

Im Burggrafenamt gibt es sehr viele Goldschmiede. Allein in Meran arbeiten rund 30. Viele begnügen sich nicht damit Industrieware zu verkaufen, sondern stellen Einzelstücke nach eigenen Entwürfen her.

Die überraschende Vielfalt ist unter anderem dem Künstler Anton Frühauf (1914–2000) zu verdanken, der als Juwelier zahlreiche Preise erhielt und Generationen von Goldschmieden ausgebildet hat. Besonders ausgefallene Arbeiten findet man bei **Frühauf** (Sandplatz 22) und bei **Alfredo Grosso** (Laubenpassage 232). Bei „Grosso" sollte man schon wegen der Dekoration der Schaufenster vorbeischauen.

Pflanzen

In vielen Meraner Privatgärten wachsen mediterrane Bäume und Sträucher. Mit etwas Glück und gutem Winterschutz gedeihen einige Arten auch in nördlicheren Breiten. Eine gute Auswahl an Bäumen, Büschen und Kräutern bietet **Galanthus** in Lana (Erzherzog-Eugen-Straße, Tel. 0473 563911, 🕒 Mo–Fr 8–18.30 Uhr, Sa 8–17 Uhr). Die

2003 eröffnete Gärtnerei grenzt an den im Neubarock gebauten Deutschorden-Konvent und nutzt einen Teil des alten Klostergartens, der dadurch öffentlich zugänglich wurde. Dort steht eine Pergola aus 50 Jahre alten Glyzinien – eine Oase der Ruhe und Besinnung inmitten des Duftes von Blumen und Kräutern.

Holzschnitzerei

Wanderhändler aus Gröden machten bereits im 18. Jh. in ganz Europa gute Geschäfte mit geschnitzten Heiligenfiguren und Spielsachen. Durch den Tourismus wurden die Holzschnitzereien dann zum beliebten Mitbringsel. Heute arbeitet in nahezu jedem Südtiroler Ferienort ein Grödner Holzschnitzer. Das Gros der Engel, Heiligen, Wurzelmännchen und Krippenfiguren ist zwar industriell produzierte Massenware, aber dazwischen findet man auch das eine oder andere handgeschnitzte Einzelstück; so etwa bei **Stuflesser** in Dorf Tirol (Schlossweg 1, gegenüber der Kirche).
Hölzernen Hausrat, Uhren, Schüsseln oder Spielsachen bietet die **Kunstdrechslerei Ladurner** (Freiheitsstraße 134).

Meraner Törtchen

Die seit 40 Jahren von dem kleinen Familienbetrieb „Pfitscher" produzierten Waffeln sind für viele Meran-Besucher ein süßes Souvenir und für viele Burggräfler eine Kindheitserinnerung. Es gibt sie in verschiedenen Geschmacksrichtungen und sie werden noch immer von Hand in das gleiche farbige Silberpapier gewickelt wie vor Jahrzehnten. Erhältlich in Süßwarengeschäften und bei **Pfitscher** (Freiheitsstraße 80).

Zigarren

Das kleine Tabakgeschäft **Garber** im Untergeschoss des Kurhauses (Freiheitsstraße 19) sticht schon durch seine Architektur ins Auge: Kupferrohre ragen aus der Fassade, der Laden ist mit seltsam geripptem dunkelbraunem Holz ausgekleidet. Hier finden Zigarrenraucher ein kleines Paradies. In einem Humidor aus kubanischem Zedernholz lagert eine große Auswahl an Zigarren aller Größen und Qualitäten.

MÄRKTE, FESTE, TERMINE

Wochenmarkt

Obst, Oliven, Käse, Lederwaren, Kleider – so bunt gemischt wie das Angebot auf dem Meraner Freitagsmarkt (🕒 7–13 Uhr, westlich des Bahnhofs) ist auch seine Kundschaft. Hier kauft die italienische Hausfrau Fisch oder Gemüse, daneben steht der Bergbauer im blauen Schurz. Auf dem Markt ist eben vieles billiger als in den Geschäften in der Stadt. Die Einheimischen kommen schon kurz nach 7 Uhr, um diese Zeit ist es noch ruhig und man findet die Muße zu einem Plausch. Wenn ab 9 Uhr die Touristen die schmale Gasse zwischen den Ständen bevölkern, gibt es kaum noch ein Durchkommen. Aber auch wenn's eng wird: Für viele Meran-Besucher ist der Gang auf den Freitagsmarkt mit dem dazugehörenden Verkehrsstau seit Jahrzehnten ein Muss.

Flohmarkt

Jeden letzten Samstag im Monat (🕒 8–16 Uhr) findet auf der Winterpromenade, vor der Wandelhalle, ein großer Flohmarkt statt, der immer beliebter wird. Wer ein Schnäppchen machen will, sollte früh aufstehen.

Bauerngalopp

Immer am Ostermontag haben die Haflinger in Meran ihren großen Auftritt. Am Vormittag stolzieren die fotogenen „Blondinen", geritten von Bauern in Tracht und begleitet von Musikkapellen, durch die Stadt. Der große Umzug über die Kurpromenade und die Freiheitsstraße ist auch für die Einheimischen eine Attraktion. Am Nachmittag treten die schnellsten dieser stämmigen ehemaligen Arbeitspferde auf der großen Rennbahn in Untermais zum traditionellen Bauerngalopp an. Das Haflingerrennen wird, mit wenigen Unterbrechungen, seit 1900 ausgetragen und bildet den Auftakt zur Meraner Pferderennsaison.

Meranflora

Immer an ungeraden Jahren findet Ende April/Anfang Mai auf den Passerpromenaden die Meranflora statt – die Ausstellung für Blumen und Zierpflanzen.

Lyrikpreis Meran

Alle zwei Jahre um den 15. Mai (2002, 2004, 2006 ...) herum vergibt Meran einen Lyrikpreis. Aus mehreren hundert Einsendungen zeitgenössischer deutscher Dichter wählt eine Jury acht bis zehn Autoren aus und lädt sie zu einer Lesung ins Kurhaus ein. Nicht nur die Lesung, sondern auch die oft schonungslos geführte Diskussion der Jury findet vor Publikum statt, dadurch wird die zweitägige Veranstaltung zum spannenden Wettkampf. Hineinhören lohnt sich!

Wildwasserslalom

Ende Mai oder Anfang Juni, auf dem Höhepunkt der Schneeschmelze, finden sich auf der Passer einige der besten Wildwasser-Kanuten der Welt ein. Jedes Jahr ist der rauschende Bach dann Schauplatz spektakulärer Kanurennen; mehrmals wurden sie schon als Weltmeisterschaft gewertet. Der Start erfolgt am Ausgang der Gilfschlucht, das Ziel befindet sich vor der Wandelhalle. Tage vorher wird bereits trainiert, die Rennen finden am Samstagnachmittag und am Sonntag statt. Von den Promenaden zu beiden Seiten des Flusses kann man den Tanz auf den Wellen ganz aus der Nähe verfolgen.

Herz-Jesu-Sonntag

Am dritten Sonntag nach Pfingsten, also meist Mitte Juni, bietet sich ein spektakuläres Schauspiel. Sobald es Nacht wird, leuchten von allen Bergspitzen Feuer. Der Brauch erinnert an die Bedrohung des

Bergfeuer

Landes durch die napoleonischen Truppen im Sommer 1796. Die Tiroler beriefen sich im Kampf gegen die Invasoren auf Gott als ihren Bundesgenossen. Zum Dank für die himmlische Unterstützung schworen sie dem Herzen Jesu ewige Treue – auch eine Trotzreaktion gegen die Reformen von Kaiser Josef II., der in seinem aufklärerischen Eifer die ausgeprägte Herz-Jesu-Verehrung unterbinden wollte. In der Zeit des Faschismus und in den 1960er Jahren waren die Bergfeuer verboten. Gerade deshalb sehen viele Südtiroler in ihnen noch immer ein patriotisches Bekenntnis, wenngleich das „Fuiern" (Feuern) für die beteiligten Gruppen längst auch zur Gaudi geworden ist.

Soireen auf Schloss Tirol

Ende Juni und im Juli verströmt Schloss Tirol reichlich Burgenromantik. An fünf aufeinander folgenden Donnerstagen finden im Schloss Soireen mit Musik aus dem Mittelalter und der Renaissance statt. Für die Hitze im meist überfüllten Rittersaal entschädigen kleine Häppchen nach mittelalterlichen Rezepten, die während der Pause im Schlosshof gereicht werden. Wer noch mehr Ritterflair will, kann sich nach den Konzerten dem Fackelzug anschließen, der vom Schloss bis in das Dorfzentrum führt. Programm und Karten unter www.meranofestival.com

Gompmalm

Open-air auf der Alm

Von Juni bis August ist die urige Gompmalm im Hirzer-Wandergebiet Schauplatz von Open-air-Konzerten – die Bühne auf 1800 m Meereshöhe ist die höchste weit und breit. Seit über zehn Jahren gelingt es dem Hüttenwirt immer wieder, neben lokalen Musikern auch namhafte Interpreten aus der internationalen Blues-, Soul- und Funk-Szene zu verpflichten. Höhepunkt der Saison ist Mitte Juli ein zweitägiges Festival (weitere Informationen unter Tel. 0473 949544, www.gompmalm.it). Viele der Gäste übernachten in ihren Zelten. Die Alm ist am bequemsten mit der Hirzer-Seilbahn ab Saltaus zu erreichen.

Gartennächte in Trauttmansdorff

Von Mitte Juni bis Anfang August wird der botanische Garten von Schloss Trauttmansdorff an fünf Abenden zur Freiluftarena. Jeden

zweiten Donnerstag treten auf der Bühne im Seerosenteich Folkgruppen aus aller Welt auf – das Schloss und die südländische Flora bilden in der Dämmerung eine bezaubernde Kulisse. Die Konzerte (ab 21 Uhr) lassen sich gut mit einem Abendbesuch im Garten verbinden.

Trauttmansdorff

Freilichttheater Lana

Im Juli und August ist die malerische Gaulschlucht in Oberlana die Kulisse für ein Freilichttheater. Jedes Jahr wird ein anderes Südtiroler Stück aufgeführt.

Meraner Kultursommer

In den Sommermonaten bietet Meran eine Fülle kleinerer Veranstaltungen. Das internationale Opernstudio Meran führt im Garten des Ansitzes Kallmünz am Sandplatz ab Mitte Juni ca. zwei Wochen lang ein Musical auf. Mitte Juli folgt dort **MeranoJazz**, ein Open-air-Festival des zeitgenössischen Jazz mit hochkarätigen Solisten und Gruppen aus aller Welt. Von Mitte Juli bis Mitte August gastiert **Meranofest** – eine von renommierten Pianisten geleitete Klavierakademie, die junge Talente aus aller Welt einlädt. Sie geben im Stadttheater mehrere Konzerte.

Meraner Musikwochen

Für Liebhaber klassischer Musik hängt der Himmel über Meran ab Ende August voller Geigen. Bekannte Solisten und große Orchester geben sich bei den „Meraner Musikwochen" die Ehre. Das 1986 gegründete Festival gehört zu den zehn wichtigsten in Europa, in Italien kann allenfalls Verona mithalten. Den Schwerpunkt der rund vier Wochen dauernden Programmreihe bilden gut 15 Aufführungen von Sinfonien und Kammermusik. Seit dem Jahr 2000 wurde das erfolgreiche Konzept um die Reihe „Colours of Music" erweitert. Hier werden auch Konzerte aufgeführt, die den Rahmen der traditionellen Klassik sprengen. Da zu den Musikwochen auch Musikfreunde aus ganz Südtirol nach Meran kommen, ist es ratsam, frühzeitig Karten zu reservieren (das Programm steht schon Anfang des Jahres fest, Karten ab April unter www.meranofestival.com oder bei den Meraner Musikwochen, Freiheitsstraße 45, Tel. 0473 212520).

Der Große Preis von Meran

Am letzten Sonntag im September wird auf dem Pferderennplatz in Untermais das Rennen um den Großen Preis von Meran ausgetragen. Dieses seit 1936 stattfindende Flachrennen über eine Distanz von 5 000 m gilt als eines der schwersten in Europa und ist der Höhepunkt der Meraner Pferderennsaison. Kleinere Rennen finden zwischen Frühjahr und Herbst an nahezu jedem zweiten Wochenende statt. Der Große Preis ist ein sehenswertes Spektakel, das rund 10 000 Zuschauer anlockt und live im italienischen Fernsehen übertragen wird.

Mussolinis Rennplatz

Für viele Einheimische ist die unter Mussolini erbaute Meraner Pferderennbahn noch immer ein faschistisches Symbol und deshalb ein Fremdkörper. Dabei zählt der Platz zu den schönsten in Europa. Die hohen Tribünen mit ihren klaren Linien sind ein gelungenes Beispiel für die italienische Moderne der 1930er Jahre; sie stehen unter Denkmalschutz. Allein schon wegen der Architektur lohnt sich der Besuch eines Rennens.

Kunst und Antiquitäten

In der letzten Woche im Oktober findet im Kurhaus eine Kunst- und Antiquitätenausstellung statt. Die von der Kurverwaltung organisierte Verkaufsschau ist bis zum 2. November geöffnet (Infos Tel. 0473 272000 oder im Internet unter www.meran.eu).

Traubenfest

Saltner, Weinberghüter

Am dritten Wochenende im Oktober steigt in Meran das große Traubenfest. Es wurde bereits im 19. Jh. zur Unterhaltung der Kurgäste erfunden und hat seitdem nichts von seiner Anziehungskraft eingebüßt. Höhepunkt ist am Sonntag ein farbenprächtiger Umzug mit Trachtengruppen, Musikkapellen und Festwagen. Selbst die Einheimischen bestaunen, sofern sie nicht vor dem Trubel flüchten, jedes Jahr aufs Neue die riesige, aus vielen einzelnen Trauben gestaltete Kurtraube.

www.meranerland.com

Hier finden Sie alle Informationen für Ihren Urlaub in Meran & Umgebung:

›› Unterkunftssuche und Restaurantführer

›› aktuelle Urlaubspakete, Wetter und Webcams

›› Kultur-, Genuss- und Aktivtipps

›› Informationen zur Anreise

Marketinggesellschaft Meran
Gästeinformation
Tel.: +39 0473 200 443
info@meranerland.com

Weinfestival

In der zweiten Novemberwoche ist das Meraner Kurhaus ein Mekka für Weinbeißer. Rund 100 Produzenten aus den wichtigsten Anbaugebieten der Welt öffnen drei Tage lang ihre besten Flaschen. Besucher lösen eine – teure – Tageskarte und können nach Herzenslust verkosten. Für das exklusive Ambiente sorgt auch die Bedingung, dass jeder ausstellende Weinproduzent persönlich anwesend sein muss. Bei der gleichzeitig stattfindenden „Culinaria" können Gourmets zahlreiche Spezialitäten verkosten (Infos unter www.gourmetsi.com).

Meraner Advent

Von Ende November an versuchen hölzerne Verkaufsbuden auf der Kurpromenade Adventsstimmung zu verbreiten. Am 8. Dezember (Maria Empfängnis) und an den Wochenenden bis Weihnachten flüchten viele Meraner aus der Stadt und überlassen sie den Tagestouristen aus Norditalien, die dann zu Tausenden anreisen, um den Weihnachtsmarkt zu bestaunen.

Sparkassenstraße

SPORTLICH UNTERWEGS

Mit dem Fahrrad

Das Radwegenetz in Meran lässt zu wünschen übrig, doch außerhalb der Stadt lässt sich gut radeln. Könner mit guter Kondition können auf Forststraßen und Wanderwegen (Rücksicht auf Fußgänger!) anspruchsvolle Ausflüge unternehmen (Anregungen bekommt man im Internet unter www.mountainbiker.it oder in den Tourismusbüros). Besonders reizvoll sind Touren auf das Vigiljoch, ins Ultental und auf das Hochplateau von Hafling/Meran 2000. Weit weniger anstrengend sind der asphaltierte Vinschgauer Radweg entlang der Etsch in den Vinschgau (bis Glurns 60 km mit Zusteigemöglichkeit in die Vinschger Bahn) und nach Bozen (30 km). Ab Niederlana führt die von Autos nur wenig befahrene, flache „Apfelstraße" durch die Obstwiesen des Etschtales bis Eppan.
Für einen Familienausflug eignet sich der Passeirer Radweg. Die Schotterpiste beginnt an der nördlichen Stadtgrenze von Meran und führt – mit geringen Steigungen immer der Passer entlang – bis nach St. Leonhard (20 km). Einkehr: Bei Saltaus im **Torgglerhof** mit Kinderspielplatz oder kurz vor St. Leonhard beim Sandwirt mit Andreas-Hofer-Museum (S. 47). Das Radwegenetz des Bezirkes Burggrafenamt ist auf der Homepage der Bezirksgemeinschaft Burggrafenamt (www.bzbga.it) detailliert beschrieben. Hier finden sich auch die aktuellsten Informationen zum Ausbau der verschiedenen Routen.

Radverleih

Einfache Stadträder (Gratisverleih) bekommt man in Meran u. a. in der Galileistraße und neben dem Campingplatz in der Tennisstraße, ◷ Mai–September, täglich 9–19 Uhr. Mountainbike-Verleih u. a. am Bahnhof und an mehreren Haltestellen der Vinschgaubahn (siehe Seite 89)

In der Luft

Keine Angst vorm Fliegen? Der Himmel über Meran ist bei Paraglidern sehr beliebt. Gestartet wird von der Bergstation der Hochmut-Seilbahn (1 400 m, Landung in Dorf Tirol) oder der Hirzer-Seilbahn

(2000 m, Landung in Saltaus). Wer nicht selber fliegen will oder kann, der kann sich einem professionellen Piloten mit Tandemschirm anvertrauen (**Fliegerclub Adlerhorst**, Dorf Tirol, Tel. 335 6199777, oder **Tandemclub Ifinger**, Saltaus, Tel. 339 7631715).

Klettern

Sportkletterer kommen bereits in Stadtnähe auf ihre Kosten. Bei der Fragsburg südöstlich von Meran und am Eingang ins Schnalstal stehen senkrechte Felswände, die sich gut zum Kraxeln eignen. Eine große Kletterhalle befindet sich im **Sportzentrum Meranarena** am Rand des Pferderennplatzes (Gampenstraße 74, 🕒 Mitte September bis Ende April Di und Do 16–22.30 Uhr, Mi und Fr 18–22.30 Uhr, Sa und So 15–19.30 Uhr; im Mai Di und Do 18–22.30 Uhr, Sa 15–20 Uhr; Auskünfte: Alpenverein Südtirol Tel. 0473 237134).
Geführte Bergtouren und Kletterkurse können u. a. bei der **Bergsteigerschule Meran** gebucht werden (Tel. 348 2600813, www.bergsteigerschule.com).

Hoch zu Ross

Obwohl die blonden Haflinger aus Südtirol stammen, ist der Urlaub hoch zu Ross hierzulande noch immer ein Geheimtipp. Das beste Gelände ist der flache Rücken des Tschöggelberges, der Meran vom Sarntal trennt. In der Umgebung des kleinen Bergdorfes Hafling,

In Hafling

von dem die Tiere ihren Namen haben, führen zahlreiche Reitwege über sanfte Hochalmen und durch lichte Lärchenwälder. Einige Bauern haben dort ihren Reiterhof und bieten neben Schnupperkursen für Kinder auch geführte Ausritte an (Dauer eine Stunde oder den ganzen Tag), z. B. **Sulfnerhof** neben der malerisch gelegenen Katharinakirche (Tel. 0473 279424) und **Innergruber** (Tel. 0473 279331), beide in Hafling. Auch das Passeiertal entwickelt sich langsam zu einem Paradies für Pferdefreunde. Pferde und geführte Wanderungen beim **Steinerhof** in Pfelders (Tel. 0473 646741) und beim **Hotel Quellenhof** in St. Martin (Tel. 0473 645474).

Reitunterricht, Ponys für Kinder und Ausritte auch im **Reitpark Lana** (Industriezone 1, Tel. 0473 560969).

Freibad St. Leonhard

Für Wasserratten

Die beste – und teuerste – Adresse ist die neue Therme von Meran, die das ganze Jahr über in Betrieb ist (siehe Seite 28). Meran und fast alle Gemeinden der Umgebung haben aber auch andere öffentliche Freibäder. Die Badesaison beginnt meist Mitte Mai und endet Mitte September; die Freibäder sind in der Regel von 9–19 Uhr geöffnet, einige haben im Hochsommer einmal pro Woche längere Abendöffnungszeiten. Das **Meraner Lido** (Lidostraße 20) entstand um 1930 und hat sich trotz vieler Umbauten einiges von seinem früheren Charme erhalten. Es hat unter anderem ein 50-Meter-Becken, drei Sprungtürme und eine schattige Liegewiese, ist aber oft überfüllt. Einmalig schön auf einer Felsterrasse liegt das **Freibad von Schenna**; das **Freibad von St. Leonhard** begeistert mit seiner langen Rutschbahn und einer Sprudelanlage vor allem die Kinder. Das ausgefallenste ist das **Erlebnisbad Naturns**, das nicht nur über ein Frei-, sondern auch über ein Hallenbad verfügt. Es hat lange Rutschbahnen, Wasserfontänen, Strömungskanäle und eine Saunalandschaft, ist aber oft sehr überlaufen.

Im Winter ist das Angebot etwas bescheidener. In Meran gibt es außer der neuen Therme die **Meranarena** am Pferderennplatz (Gampenstraße 74) mit einem 25-Meter-Sportbecken (🕒 Ende September

Schwemmalm im Ultental

bis Ende April Mo, Mi und Fr 8–15 Uhr, Di und Do 6–15 Uhr, Sa und So 8–19 Uhr, Mo, Di und Do auch 20–22.30 Uhr). Das Erlebnisbad Naturns ist täglich von 10–19.30, mittwochs bis 22 Uhr geöffnet.

Im Schnee

Skifahren und Snowboarden auch im Sommer? Der **Schnalstaler Gletscher** ist ein ganzjährig geöffnetes Skigebiet – nur im Mai geschlossen. Eine Seilbahn fährt in wenigen Minuten von Kurzras

(2 000 m) auf die 3 200 m hohe Grawand, wo auf dem nach Norden abfallenden Gletscher mehrere Ski- und Sessellifte in Betrieb sind. Im Winter kann das Burggrafenamt zwar nicht mit den Dolomiten konkurrieren, aber seine Skigebiete sind familiärer, vergleichsweise günstig und selten überlaufen. Sie haben meist vom 8. Dezember bis eine Woche nach Ostern geöffnet. **Pfelders** ist klein und heimelig und bietet in Dorfnähe auch mehrere Möglichkeiten zum Schneewandern und Langlaufen. **Meran 2000**, der Hausberg der Meraner, liegt sehr sonnig, leidet aber dafür öfter unter Schneemangel. Die **Schwemmalm** im Ultental ist für ihre außerordentlich gut gepflegten Abfahrtspisten bekannt. Dafür verläuft die Langlaufloipe oft im Schatten und ist in schneearmen Wintern nur mangelhaft gepflegt. Das Ultental ist – vorausgesetzt, dass Schnee liegt – aber ein gutes Gebiet für Tourenfahrer.

Golf

In Niederlana hat Graf Brandis einen Teil seiner ausgedehnten Obstanlagen gerodet und vor der Ruine eines Schlosses einen weitläufigen 9-Loch-Golfplatz mit einem Restaurant anlegen lassen. Ganzjährig bespielbar.
Golfclub Gutshof Brandis, Niederlana Tel. 0473 564696,
www.gutshofbrandis.com/g_club
Bei St. Martin in Passeier wurde der 9-Loch-Platz auf 18 Loch erweitert. Clubhaus mit Restaurant, von März bis November bespielbar.
Golfclub Passeier, Tel. 0473 641488, www.golfclubpasseier.com

MIT DER SEILBAHN ZUM „KNOTTNKINO“ NACH VÖRAN

BILDERBUCHLANDSCHAFT HAUTNAH ERLEBEN,
NATUR WAHRNEHMEN MIT ALLEN SINNEN,
RUHE UND FRIEDEN SPÜREN, SICH SELBST ERKENNEN ...

Seilbahn Burgstall-Vöran
Tel. 0039/0473/278187
Tourismusverein
Hafling-Vöran-Meran 2000
Tel. 0039/0473/279457
Fax 0039/0473/279540
info@hafling.com
www.hafling.com

AUSFLÜGE

Wandern auf den Waalwegen

Waale sind uralte, aber immer noch genutzte Bewässerungskanäle. Die Bauern haben sie vor vielen Jahrhunderten kunstvoll angelegt, um auch weit von einem Bach entfernte Wiesen mit dem kostbaren Nass zu versorgen. In kaum merklichem Gefälle führen die Waale über viele Kilometer an den Berghängen entlang. Neben ihnen sind mit der Zeit schmale Steige entstanden – heute gemütliche, reizvolle Wanderwege durch schattige Wälder, Wiesen und Weinberge und meist mit schöner Aussicht auf den Meraner Talkessel. Der längste Waalweg (Marlinger Waalweg) führt von der Töll (Parkmöglichkeit), vorbei am sehenswerten Schloss Lebenberg bei Tscherms (S. 37), bis nach Oberlana. Besonders schön, wenn auch überlaufen, ist er während der Obstblüte. Gehzeit ca. drei Stunden, unterwegs gibt es mehrere Gasthäuser. Der wärmste ist der Algunder Waalweg: besonders angenehm im Frühling und im Spätherbst. Er beginnt unweit vom Tappeinerweg (S. 26) in Gratsch und führt an sonnigen Südhängen entlang bis nach Oberplars. Der schattigste Waalweg führt von Obermais, unterhalb von Schenna vorbei, bis nach Saltaus. Nur Insidern bekannt ist der Kuenser Waal. Er ist romantisch gelegen, führt von Longfall bei Dorf Tirol bis oberhalb von Kuens und ist an heißen Tagen eine Wohltat.

Waalschellen

Die Bewässerungskanäle brachten einen speziellen Beruf hervor: den Waaler. Er wohnte meist direkt am Waal, sorgte für seine Instandhaltung und dafür, dass das Wasser nie ausging. Dabei unterstützte ihn eine einfache Technik. Ein Wasserrad ließ bei jeder Umdrehung einen Hammer auf einen Schelle fallen. Solange die Waalschelle zu hören war, wusste der Waaler: Alles in Ordnung. Bei einigen Waalen funktioniert dieses Alarmsystem heute noch.

Zu den Wasserfällen

Die Umgebung von Meran hat gleich mehrere spektakuläre Wasserfälle. Bei Schneeschmelze und nach längerem Regen sind sie am schönsten. Hinter der mit dem Auto erreichbaren Fragsburg (liegt auf einem Hügel im Südosten von Meran) zweigt ein bequemer Fußweg mit leichter Steigung ab. Nach ca. 20 Minuten erreicht man eine wildromantische Schlucht, in die der Sinichbach donnert. Der **Fragsburger Wasserfall** ist mit 130 m der höchste Südtirols. Auf knapp 100 m bringt es der **Partschinser Wasserfall**. Zu ihm führt von Partschins aus eine steile Straße. Das letzte Stück bis zu einer kleinen Plattform beinahe in Griffweite zur Kaskade geht man auf einem Steig. In kalten Wintern friert der Wasserfall zu und bildet ein gutes Revier für Eiskletterer. Bei Moos im hinteren Passeiertal führt ein schöner Wanderweg nach Platt, direkt an den Stieber Wasserfällen vorbei. Hier stürzt der Pfelderer Bach tosend über zwei Steilstufen in die Passer.

Auf dem Meraner Höhenweg

Dieser Weitwanderweg mit schönen Ausblicken führt in ca. sechs Tagesetappen rund um den Naturpark Texelgruppe und durchquert dabei verschiedene Klima- und Vegetationszonen. Von Meran erreicht man ihn am bequemsten mit der Seilbahn, die von Dorf Tirol zu den Muthöfen führt. Von Hochmut aus geht der Höhenweg zunächst über die Leiteralm den Vinschgauer Sonnenberg entlang, biegt bei Naturns ins Schnalstal ein und erreicht durch das Pfossental das 2 900 m hohe Eisjöchl, den höchsten Punkt des Weges. Von dort steigt man nach Pfelders ab und wandert hoch über dem Passeiertal zurück nach Meran. Am Höhenweg liegen bewirtschaftete Almen und Gasthöfe, in denen man übernachten kann. Da der Höhenweg zahlreiche Zugänge hat, kann man sich auch auf einzelne Tagesetappen beschränken. Der am meisten begangene Abschnitt liegt zwischen Hochmut und Leiteralm (drei Stunden hin und zurück). Der Weg wurde hier teilweise in die Felsen gehauen und bietet eine atemberaubende Aussicht auf den Meraner Talkessel.

Mit der Vinschger Bahn

Lange stand sie still. Seit 2005 fährt die rundum erneuerte Bahn von Meran nach Mals aber wieder. Die Fahrt durch den Vinschgau mit seinen Gegensätzen aus saftigen Obstwiesen und kargen Berghängen ist ein Erlebnis. An einigen Bahnhöfen gibt es Fahrräder zu leihen, sodass Teile der insgesamt rund 60 km langen Strecke auch radelnd zurückgelegt werden können. Eine Eventcard für beliebig viele Fahrten am Tag kostet, Leihrad inklusive, 14 €. Vorsicht bei der Mitnahme von eigenen Fahrrädern (2 €): Bei Schönwetter an Wochenenden sind die Waggons oft schon ab Meran voll, sodass ein Zusteigen unterwegs mit eigenen Fahrrädern nicht möglich ist. www.vinschgerbahn.it

Der mit den Vögeln spricht

Ein Bussard kreist in niedriger Höhe, stößt krächzende Schreie aus und stürzt sich inmitten der Zuschauer plötzlich auf ein Stück Fleisch: Essenszeit in der Vogelpflegestation bei Schloss Tirol (S. 32). In dieser für Südtirol einzigartigen Einrichtung auf der Südseite des Schlosses werden verletzt aufgefundene Greifvögel gesund gepflegt, bevor man sie wieder aussetzt. Eulen, Uhus, Falken, Kauze – zeitweise sind in den Volieren der Station bis zu 150 Tiere zu sehen. Täglich animiert ein Pfleger mehrere Vögel zu spektakulären Flugvorführungen.

Dorf Tirol, Schlossweg 25, Tel. 0473 221500, www.gufyland.com
🕒 Di–So 10–17 Uhr, Flugvorführungen um 11.15 und 15.15 Uhr; im Winter nur an Sonn- und Feiertagen 13.30–16.30 Uhr, Vorführung um 15 Uhr

Naturpark Texelgruppe

Die spitzen Dreitausender der Texelgruppe schützen das Burggrafenamt vor den kalten Nordwinden. Wegen der schönen Bergformationen, der romantischen Seen und der vielfältigen Fauna wurde der gesamte Gebirgszug als Naturpark ausgewiesen. Die Parkverwaltung bietet vom Frühjahr bis zum Herbst geführte Wanderungen an (Auskünfte in den Tourismusbüros oder unter www.provinz.bz.it/naturparke).

Wer den Park lieber auf eigene Faust erkundet, für den gibt es eine Vielzahl markierter Wanderwege. Das schönste Ziel sind die **Spronser Seen**. Die Gletscher haben hier tiefe Mulden in den Fels gefräst und so Südtirols höchste Seenplatte geschaffen (die Seen liegen zwischen 2100 m und 2400 m hoch). Die Farbskala der zehn Spronser Seen reicht von einem milchigen Weiß über Grün bis zum tiefen Blau. Aufstieg – nur bei gutem Wetter! – entweder durch das Spronsertal

ab Dorf Tirol (vier Stunden), über Hochmut (von der Bergstation der Seilbahn aus drei Stunden) oder mit dem Sessellift von Algund bis zur Leiteralm. Von dort führt ein sehr steiler, nur Schwindelfreien zu empfehlender Weg über Hochgang (vier Stunden). An der Kaserlacke liegt eine bewirtschaftete Alm. Wem der lange Marsch zu den Seen nicht reicht: Über das Spronserjoch führt ein Steig nach Pfelders (weitere drei Stunden). Im **Naturparkhaus in Naturns** (Feldgasse 3, Tel. 0473 668201, 🕒 März–Oktober Di–Sa 9.30–12.30 Uhr und 14.30–18 Uhr; Juli–September auch So) ist eine kindgerechte Ausstellung über das Leben im Park zu sehen.

Bei den Spronser Seen

Ins grüne Ultental

Das Ultental ist nur 25 km lang, hat aber verschiedene Klimazonen zu bieten. Es beginnt in der Apfelgemeinde Lana und endet an den Gletschern des Nationalparks Stilfser Joch. Dazwischen liegen satte Wiesen, dichte Wälder, fünf Seen und vier Dörfer, die allesamt nach Heiligen benannt sind. Im ersten, **St. Pankraz**, ist neben dem Sportplatz eine Kuriosität zu bestaunen – ein frei auf einem Flussstein stehendes Haus. Der Legende nach soll es ein Erdrutsch auf den Stein geschoben haben. In Wirklichkeit spülte vor 130 Jahren ein Hochwasser das „Häusl am Stuan" frei. Bei **St. Walburg** füllt der malerische Zogglersee den Talboden aus. Für diesen in den Fünfzigerjahren vom Energiekonzern Enel gebauten Stausee wurden einige der schönsten Wiesen und Bauernhöfe unter Wasser gesetzt. Heute ist er das Ziel vieler Angler, am Südufer verläuft eine 4 km lange Promenade durch den Wald. Ihr schließt sich ein Wanderweg an, der auf der rechten Flussseite bis zum Talende führt. Schöner ist der Weg auf der

Ultner
Ur-Lärche

gegenüberliegenden Sonnenseite. Er führt über **St. Nikolaus** (Talmuseum, S. 49) bis nach St. Gertraud – vorbei an schmucken, für das Ultental typischen Bauernhöfen aus geschwärztem Holz. Bei **St. Gertraud** stehen drei Ur-Lärchen. Sie sind angeblich rund 2 000 Jahre alt und treiben noch immer aus.

Der verliebte Bismarck

Bei St. Pankraz zweigt eine schmale Straße nach links zum „Mitterbad" ab. Mitte des 19. Jh. war es das am meisten besuchte Bad in ganz Tirol – wohl wegen des bunten und nicht immer sittlichen Treibens. Man badete in hölzernen Wannen und trank dabei reichlich Wein. Das nahe Gasthaus war ständig geöffnet und die Musik, so notierte freudig ein Reiseschriftsteller, „hört(e) erst in der Früh auf zu spielen". Um 1840 kam der junge Otto von Bismarck mehrmals zur Kur hierher. Wie man sich in Ulten nicht ohne Stolz erzählte, verliebte sich der spätere deutsche Kanzler in Josepha, die hübsche Tochter des Badwirtes. Die Romanze hatte aber kein Happyend: Der streng katholische Wirt versagte dem protestantischen „Stadtfrack aus der Fremd" (so eine Schmähschrift von Ultner Burschen an den Konkurrenten) Josephas Hand. Im „Mitterbad" wird seit 1970 nicht mehr gekurt. Über den verfallenden Gebäuden schwebt noch immer ein Hauch der großen Zeit.

Ins Bergwerk am Schneeberg

700 Jahre lang wurde im Bergwerk am Schneeberg – östlich vom Timmelsjoch – nach Silber, Blei und Zinn gesucht. In der Knappensiedlung St. Martin – mit 2 355 m Meereshöhe das höchste Bergwerk Europas – wohnten zeitweise an die 1 000 Bergleute. Als 1972 der letzte Stollen aufgegeben wurde, verkam St. Martin zu einer rostigen Geisterstadt. Jetzt ist sie das Zentrum eines riesigen „Museums". Abraumhalden und Förderanlagen sind noch zu sehen, einige Gebäude in der Knappensiedlung wurden saniert und Stollen für Besucher hergerichtet. Eine neun Stunden dauernde, geführte Abenteuertour beginnt an der Timmelsjochstraße. Nach dem Aufstieg zum Schneeberg (1 100 m Höhenunterschied) folgt eine Besichtigung der Siedlung, eine lange Wanderung durch die Stollen und eine Fahrt mit der Stollenbahn (🕒 Do und Sa, nur in den Sommermonaten; Halbtagstouren täglich außer Mi, Do und Sa; Anmeldung jeweils zwei Tage vorher unter Tel. 0473 647045, www.schneeberg.org).

„Knottenkino“

Dieses „Kino“ hat keine Leinwand – und doch läuft rund um die Uhr ein Film. Auf dem 1 465 m hohen Rotenstein bei Vöran hat der Südtiroler Künstler Günther Messner unter freiem Himmel 30 Kinosessel installiert. In ihnen kann man vor einer überbreiten Projektionsfläche aus Luft und Licht eine fantastische Bilderwelt genießen. Tief unten liegen das Etschtal, Lana und Meran, im Hintergrund die Brenta-, Ortler- und Texelgruppe. Je nach Wetter und Tageszeit verändert sich das Bild – mal kaum merklich, mal dramatisch schnell. Der Felsen (tirolerisch: Knotten) ist auf leichten Wegen in 40 Minuten von der Straße Hafling–Vöran und in 60 Minuten von der Leadner Alm aus zu erreichen.

Nach Hafling und Meran 2000

Das kleine Bergdorf Hafling auf 1 200 m, von dem die Haflinger ihren Namen haben (Gelegenheit zum Reiten), ist über eine breite Straße zu erreichen. Die Umgebung des Dorfes hat zahlreiche leichte Wanderwege zu bieten. Einer der schönsten führt von der aus rotem Sandstein gebauten Kirche St. Kathrein – mit herrlichem Blick auf Meran – in ca. 30 Minuten zum **Sulfner Weiher**. Er liegt malerisch im Wald und ist voller Seerosen (Blüte: Juli und August). An der Straße nach Vöran steht nach wenigen Kilometern links der Gasthof „Alpenrose“. Von dort erreicht man auf einem breiten, nur anfangs steilen Weg die **Leadner Alm** (Gehzeit ca. eine Stunde). Nicht zu versäumen ist ein Abstecher zum **„Knottenkino“**. Von Falzeben oberhalb von

Hafling führt eine Gondelbahn auf **Meran 2000**. Durch das größtenteils über der Baumgrenze liegende Wandergebiet (im Winter Skigebiet) führen zahlreiche leichte Wege. Mit einem Sessellift kann man auf den 2 400 m hohen Mittager fahren, bei klarem Wetter hat man eine sehr schöne Aussicht auf die Dolomiten.

Zur „Familienalm" am Taser

Ein Ausflug, der auch Kindern Spaß macht. Der Taser ist eine kleine, von Wald umschlossene Höfegruppe und liegt auf 1 500 m oberhalb von Schenna. Man erreicht ihn am besten mit der kleinen Seilbahn von Schenna aus. Neben der Bergstation steht ein Gasthaus mit Spielplatz und kleinem Tiergehege, auf einer Wiese stehen Indianerzelte, im nahen Fichtenwald hängt ein großer Hochseilgarten. Unter Anleitung von Bergführern können Erwachsene und Kinder (Mindestgröße 120 cm) dort nach Herzenslust klettern (Anmeldung erforderlich). Der Taser bietet außerdem mehrere leichte Spazierwege durch den Wald sowie eine herrliche Aussicht auf den Meraner Talkessel und viele Berge, u. a. die Ortlergruppe.

Tel. 0473 945615, www.familienalm.com; Seilbahn Taser, Tel. 0473 945615, ⏲ Mo–So 8–18 Uhr; Juni bis Mitte Oktober 8–19 Uhr

St. Kathrein in Hafling

Auf das Vigiljoch

Fassade des „vigilius mountain resort“

Der bewaldete Bergrücken zwischen Ultental und Vinschgau ist ein weitgehend autofreies Wandergebiet mit einem malerischen Weiher (Schwarze Lacke) und vielen Wegen mit nur geringen Steigungen. Aufstieg von Lana mit der Seilbahn; unweit der Bergstation beginnt ein Sessellift, der gemächlich bis zum höchsten Punkt des Jochs führt. Auf der Vinschgauer Seite gondelt eine Seilbahn von Rabland zur malerisch gelegenen Siedlung Aschbach; von dort geht man zu Fuß ca. eine Stunde bis zum Vigiljoch. Landschaftlich reizvoll ist der Weg zur Naturnser Alm – besonders Ende Juni, wenn die Alpenrosen blühen.

Nobles Kloster

An der Bergstation der Vigiljocher Seilbahn steht das ungewöhnlichste und teuerste Hotel Südtirols. Das 2003 eröffnete **vigilius mountain resort** (www.vigilius.it) wurde von dem aus Südtirol stammenden Mailänder Stararchitekten Matteo Thun entworfen und kostete über 15 Millionen Euro. Das längliche Hauptgebäude, das sich in den Wald duckt, soll einen umgefallenen Baum darstellen. Bei Zimmerpreisen von 310 Euro aufwärts empfiehlt sich das Fünf-Sterne-Hotel als luxuriöser Rückzugsort. Da sich hier abends Fuchs und Hase gute Nacht sagen und das „mountain resort“ bewusst auf Events verzichtet, vergleicht der Eigentümer, ein Meraner Industrieller, sein Haus mit einem modernen Kloster. Ausflüglern steht das zum Hotel gehörende Wirtshaus offen.

vigilius
mountain resort
Vigiljoch 39011 Lana, Südtirol-Italia Tel. +39 0473 556600
Fax. +39 0473 556699 info@vigilius.it www.vigilius.it

NÜTZLICHE HINWEISE

Für den Notfall

Allgemeiner Notruf: Tel. 118
Stadtpolizei Meran, Laubengasse 192, Tel. 0473 250160
Verkehrspolizei, Manzonistraße 115, Tel. 0473 201045
Polizeikommissariat, Kornplatz 2, Tel. 0473 273511
Abschleppdienst des italienischen Automobilclubs ACI, Grüne Nummer 803116
Krankenhaus Meran, Rossinistraße 5, Tel. 0473 263333

Verloren & gefunden

Fundamt der Stadt Meran, Bauhofstraße 1, Tel. 0473 250340 (🕒 Mo–Do 8–11.45 Uhr und 14–17 Uhr, Fr 8–11.45 Uhr; außerhalb dieser Zeiten bei der Stadtpolizei, Laubengasse 192, Tel. 0473 250160)
Eine Liste gefundener Wertgegenstände gibt es auch im Internet unter www.gemeinde.meran.bz.it (>Dienste >Fundsachen).
In den Landgemeinden werden gefundene Wertgegenstände meistens im Rathaus oder im Pfarramt abgegeben.

An der Postbrücke

Mit Bus & Bahn

Für Lokalzüge und öffentliche Busse gibt es eine gemeinsame Wertkarte. Sie empfiehlt sich auch auf der neuen Vinschgaubahn – außer, man will dort auch ein Fahrrad leihen (siehe Seite 89). Die Wertkarte gibt es für 5 oder 10 € auf den Bahnhöfen, in den Bussen (außer in den Meraner Stadtbussen!) und in Tabaktrafiken. Die Karte muss an einem der grünen Wertkartenautomaten entwertet werden (bei Zugfahrten vor dem Einsteigen auf dem Bahnhof). In den Meraner Stadtbussen wird das Fahrgeld automatisch abgebucht; sonst muss der Zahlencode des Zielortes eingetippt werden, den man in der ausgehängten Liste findet. Bei außerstädtischen Buslinien erledigt das meist der Fahrer.
In Schenna, Dorf Tirol, Partschins, Naturns, Riffian und Kuens verkehren auf einigen innerörtlichen Linien Gratisbusse. Wer damit fahren will, braucht ein spezielles Ticket (Tourist-Pass), das im Hotel oder beim Zimmervermieter erhältlich ist. Dieses Gratisticket gilt nur im Gästebus und nicht für öffentliche Buslinien.

Taschenfahrplan

Einmal jährlich gibt die Bezirksgemeinschaft Burggrafenamt einen praktischen Taschenfahrplan heraus: Darin finden sich sämtliche Verbindungen der öffentlichen Verkehrsmittel in Meran und Umgebung einschließlich eines Netzplans. Erhältlich in den Tourismusbüros und Rathäusern des Burggrafenamts oder abrufbar unter www.bzgbga.it (>Technische Dienste) und www.qnex.it.

Parken in Meran

„Art Drive In"

Nur wenige Schritte von der Kurpromenade entfernt liegt die große Tiefgarage des neuen Kurbades. Sie heißt viel versprechend „Art Drive In", da jedes der fünf Geschosse von einem Künstler gestaltet wurde. Die Einfahrt befindet sich in dem parallel zur Passer verlaufenden Tunnel. Näher an den Lauben sind das Parkhaus in der Galileistraße und der Parkplatz in der Karl-Wolf-Straße. Am Straßenrand ist das Parken nur auf den weiß markierten Flächen erlaubt.

Andreas-Hofer-Denkmal gegenüber dem Bahnhof

Parkplätze mit blauer Markierung sind kostenpflichtig: Parkscheine am Automaten ziehen. Die gelb markierten Stellplätze sind für Behinderte reserviert. Der Behindertenausweis muss sichtbar im Auto angebracht werden.

Staugefahr

Hochsaison und Regenwetter – das bedeutet Staugefahr in Meran. Wenn das Wetter nicht zum Wandern einlädt, strömt alles zum Einkaufen in die Stadt. Spätestens ab 10 Uhr geht es auf den Zufahrten ins Stadtzentrum nur im Schritttempo voran. Wer an solchen Tagen dennoch zum Bummel nach Meran will, sollte den Bus nehmen. Die Parkplätze sind meist alle besetzt.

Fliegen

Die Südtiroler AirAlps fliegt täglich nach Rom und Mailand. An Wochenenden wird Bozen auch im Charterverkehr angeflogen. Auskünfte und Ticketschalter: Tel. 0471 255255, www.abd-airport.it

Taxi

Taxizentrale: Tel. 0473 212013
Für Nachtschwärmer ist freitags und samstags von 21–5 Uhr der Burggräfler Shuttleservice unterwegs. Die Sammeltaxis verkehren für einen geringen Pauschalpreis in Meran und Umgebung und steuern zahlreiche Gastlokale an (Bestellungen für Hin- und Heimfahrt: Tel. 333 5760006).

Stadtführung

Ab Ostern bis Ende Oktober dienstags und donnerstags um 10 Uhr, organisiert von der Kurverwaltung. Treffpunkt vor der Kurverwaltung, Freiheitsstraße, 5 €.

Telefonieren

Wertkarten für öffentliche Fernsprecher gibt es in den Tabaktrafiken. Vorwahl für Auslandsgespräche: Deutschland 0049, Österreich 0043, Schweiz 0041.

FÜR GOTT,
KAISER UND
VATERLAND.

Meran-Card

Ein spezielles Sammelticket für die Benutzung einiger Seilbahnen und Sessellifte, Museen, Freizeiteinrichtungen und öffentlicher Verkehrsmittel. Die Karte ist in Meran und in den meisten Gemeinden des Burggrafenamtes gültig und kostet für drei Tage 27 €, für sieben Tage 48 €. Kinder zwischen 6 und 14 Jahren zahlen die Hälfte. Die Meran-Card ist in den Tourismusbüros erhältlich.

Tourismusbüros

Kurverwaltung Meran (im Kurhaus), Freiheitsstraße 45, Tel. 0473 272000, www.meran.eu
Die meisten Gemeinden des Burggrafenamtes haben ein eigenes Tourismusbüro mit einer Hotelauskunft (www.meranerland.com).

Wetter & Lawinen

Aktuelle Wetterprognosen und wichtige Informationen über die Lawinengefahr findet man im Internet unter www.provinz.bz.it/wetter.

Internet

Stadtbibliothek, Rennweg 1
🕒 Mo 12.30–19 Uhr, Di–Fr 10–19 Uhr, Sa 10–12.30 Uhr
Internet-Café, Meinhardstraße 104, Tel. 0473 221644

Pferdewetten

Im Meraner Wettbüro (Meinhardstraße 104) treffen sich die Pferdenarren aus der ganzen Umgebung, um auf den Ausgang eines der fast täglich irgendwo in Italien ausgetragenen Rennen zu setzen. Viel italienisches Kolorit.

Reise & Wissen

Oswald Stimpfl
Südtirol für Kinder
Ausflüge mit der Rasselbande
168 S., ISBN 978-3-85256-211-7

Oswald Stimpfl
Verliebt in Südtirol
Kurze Wege, stille Ziele, Liebesnester
168 S., ISBN 978-3-85256-362-6

Oswald Stimpfl
Landgasthöfe in Südtirol
Ausgewählte Ausflugsgasthäuser,
Buschenschänken und Almwirtschaften
204 S., ISBN 978-3-85256-336-7

Anneliese Kompatscher/Tobias Schmalzl
Südtirols Küche – raffiniert einfach
Kompaktausgabe
160 S., ISBN 978-3-85256-352-7

Andreas Gottlieb Hempel
Vinschgau in einem Zug
Mit der Bahn durch das westliche Südtirol
120 S., ISBN 978-3-85256-335-0

Luisa Righi/Stefan Wallisch
Spurensuche in Südtirol
Wandern mit Ötzi, Goethe und Luis Trenker
180 S., ISBN 978-3-85256-361-9

Nina Schröder
Museen in Südtirol
Geschichte, Brauchtum, Kunst, Natur
180 S., ISBN 978-3-85256-248-3

Angelika Fleckinger
Ötzi, der Mann aus dem Eis
Alles Wissenswerte
zum Nachschlagen und Staunen
120 S., ISBN 978-3-85256-209-4

folio

DER AUTOR

Josef Rohrer ist 1955 in Dorf Tirol geboren. Er lebt in Meran und verfolgt den Wandel der Stadt mit kritischer Zuneigung. Rohrer arbeitet als Buchautor und Journalist und ist einer der „Väter" des Touriseums, des Museums zur Tourismusgeschichte Tirols.

Bildnachweis
ArcheoParc: S. 46 o
Folio Verlag (Foto: Tappeiner): S. 32
Museum Passeier (Foto: Plangger): S. 47 o
Josef Rohrer: S. 74
Schloss Trauttmansdorff: S. 30 (Foto: Prossliner), S. 77 (Foto: Seehauser)
Schreibmaschinenmuseum (Foto: Technisches Museum Wien): S. 46 u
Oswald Stimpfl: S. 18, 56, 91, 98
vigilius mountain resort: S. 96
Ulrich Wagner: S. 14, 34, 57, 81 u

Alle übrigen Fotos stammen von Othmar Seehauser.